Georges Bernage

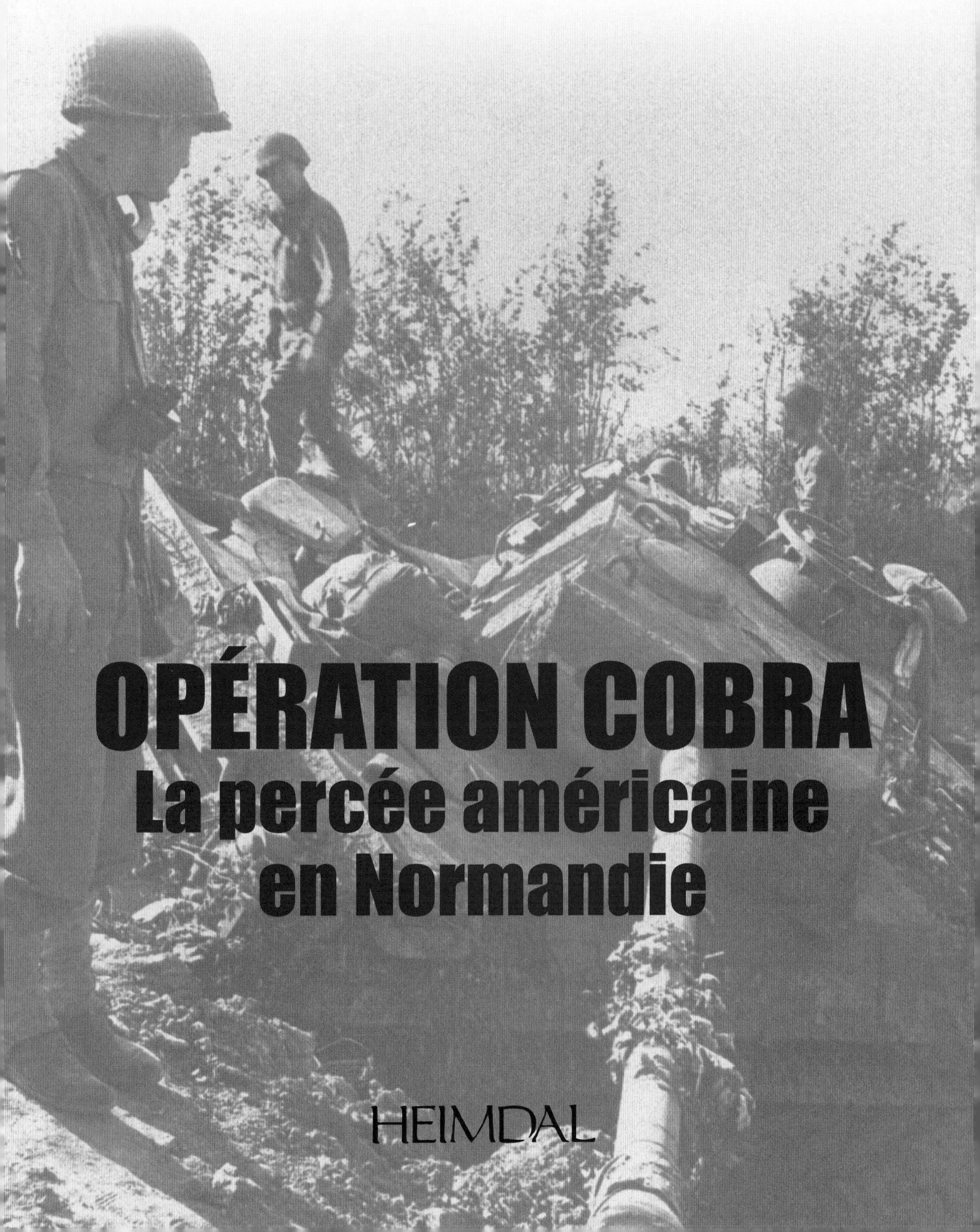

OPÉRATION COBRA
La percée américaine en Normandie

HEIMDAL

1 La bataille des marais

Le général Joseph L. Collins est l'un des plus brillants généraux américains de la Seconde Guerre mondiale. Il commande le VIIe Corps qu'il mènera à la victoire. (DAVA/Heimdal.)

Badge d'épaule en tissu du VII Corps.

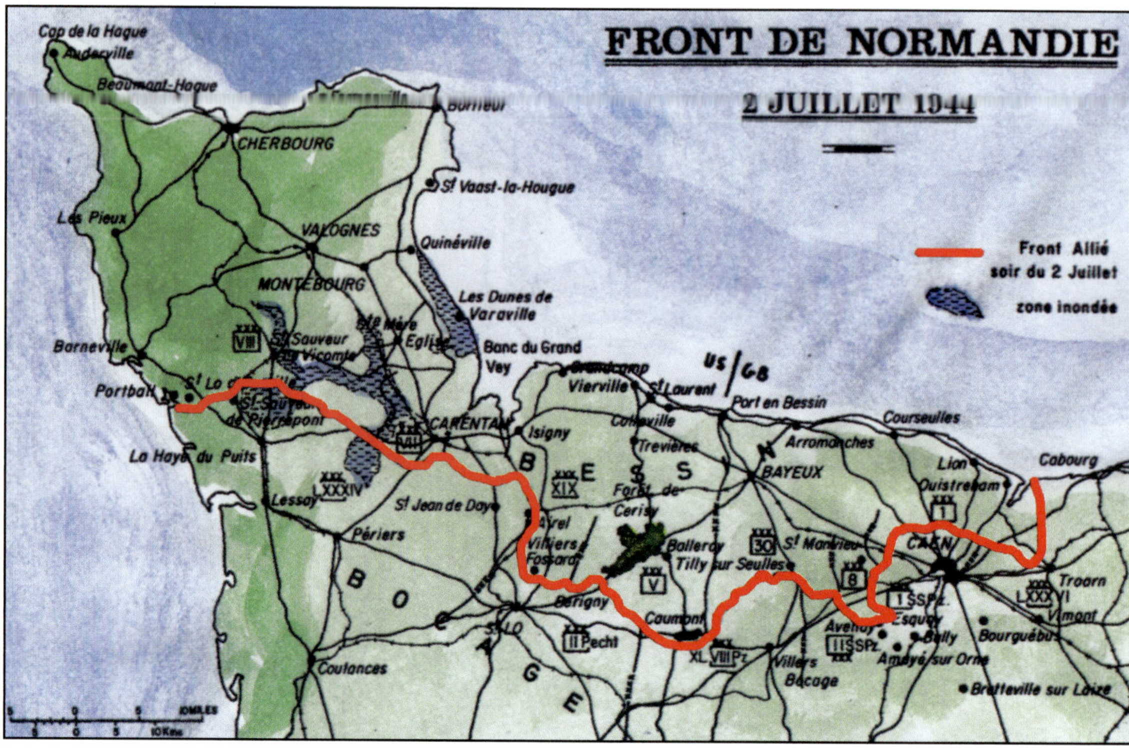

Après de très durs combats, face aux paras allemands du *Fallschirmjäger-Regiment 6* du *Major* Friedrich August von der Heydte, les paras américains de la *101st Airborne Division* avaient conquis Carentan (évacuée la veille au soir par le *FJR6*) et établi la jonction avec les troupes américaines venues d'*Omaha Beach*, et alors que la *17.SS-Panzer-grenadier-Division « Götz von Berlichingen »* arrivait en renfort. Cette dernière avait contre-attaqué le **13 juin** sur Carentan avec le *FJR6* mais ce fut un échec (1). Le front allait se stabiliser dans ce secteur où un étroit isthme de terre ferme se trouvait coincé entre des zones marécageuses. Dans l'immédiat, la *First US Army* concentrait ses efforts sur la Presqu'île du Cotentin coupée le **18 juin** et isolant les éléments de cinq divisions d'infanterie allemandes qui se replièrent au nord sur la *Festung Cherbourg* qui capitula le **26 juin**. Les derniers combats eurent lieu dans la Hague du **28 juin au 1er juillet**. Les Allemands avaient perdu dans cette bataille du Cotentin, première victoire américaine, 14 000 tués, blessés et disparus auxquels s'ajoutèrent les 39 000 prisonniers rassemblés après la capitulation, soit un total de 53 000 pertes allemandes.

Cependant, plusieurs divisions allemandes avaient été séparées en deux lors de la coupure du Cotentin et ainsi nous allons en retrouver des éléments dans le front que les Allemands avaient rétabli au sud de la ceinture de marais barrant la Presqu'île du Cotentin. Mais ce ne sont plus que des groupements tactiques, les **KG 77.ID** (colonel Bacherer - d'où aussi le nom de *KG Bacherer*), **KG 91.ID** (colonel König) et **KG 243.ID** (colonel Klosterkemperer). Mais entre la Vire (à l'ouest du secteur de Saint-Lô) et la côte Atlantique à l'ouest, ce front de la ceinture des marais est renforcé, comme nous l'avons vu, par le *FJR6* (réduit à deux bataillons), les paras de von der Heydte, la **Götz** *(17.SS-Pz.-Gren.-Div.)*, mais aussi par la **353.Infanterie-Division** (sous les ordres du général Mahlmann), arrivée de Bretagne, et la **Kampfgruppe Heintz**, unité de la force d'un régiment détachée de la *275.ID* et sous les ordres du colonel Heintz.

Ainsi, entre la côte et Carentan, avec ces maigres moyens, alors que les forces américaines se tournent vers le sud le **2 juillet** après leur victoire dans le Nord Cotentin, les Allemands ont établi trois lignes défensives : - une ligne d'avant-postes, au sud de Saint-Sauveur-le-Vicomte et d'Etienville ; - une ligne principale de résistance, appelée *Mahlmann-Linie*, s'appuyant sur le bourg de La Haye-du-Puits, le Mont Castre, l'obstacle infranchissable des prairies marécageuses de Gorges, l'isthme dans le secteur de Méautis et Sainteny puis à nouveau des prairies marécageuses, celles de la Vire et de la Taute ; - une ligne de repli axée, à partir de Lessay, sur les rivières Ay et Sèves, appelée *Wasser-Stellung* (« position des eaux »).

Le secteur le plus direct pour le commandement américain est axé sur une route nord-sud, de Saint-Sauveur-le-Vicomte à Lessay ; il faut donc faire sauter le verrou de **La Haye-du-Puits** qui sera l'enjeu d'une très dure bataille, du **3 au 9 juillet**, menée par trois divisions américaines, la *79th Infantry Division*, la *82d Airborne Division* (qui a déjà perdu la moitié de ses effectifs, engagés depuis le 6 juin) et la *90th Infantry Division*. Ces trois divisions sont placées sous l'autorité du *VIII Corps*. Du côté allemand, le verrou est tenu par la division la plus solide, la *353. ID* du général Mahlmann avec la *KG 243.ID* sur son aile

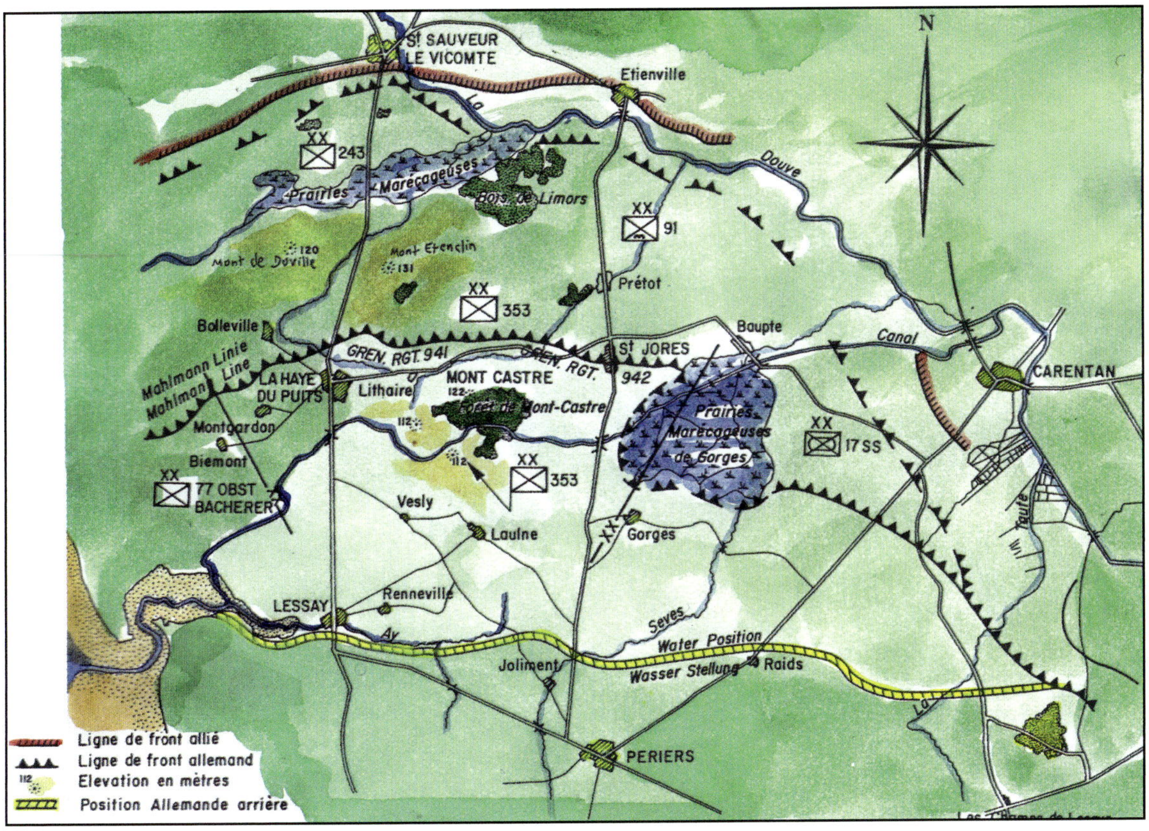

83rd Inf. Division

gauche et la *KG 77.ID* sur son aile droite. Cependant, dès le **5 juillet**, les Allemands reçoivent des premiers renforts d'une division d'élite, la *2.SS-Panzer-Division « Das Reich »* arrivant par éléments du Sud-Ouest. Ainsi, la *Kampfgruppe Weidinger (Stab DF, 14./DF, 15.DF, III./DF, SS-Pz.AA 2, SS-StuG-Abt. DR)*. Ce groupement tactique, d'environ 4 000 hommes, est sous le commandement du *SS-Sturmbannführer* Otto Weidinger, disposant principalement d'éléments du régiment *Der Führer* (d'où les initiales DF). Il a déjà été engagé en contre-attaque lors de la bataille de l'Odon (2), au sud-est de Tilly-sur-Seulles, les 27 et 28 juin. Malgré ce renfort, La Haye-du-Puits est enlevée le **9 juillet** par le *VIII Corps*.

Sur l'aile orientale de ce front, un autre corps, le *VII Corps* du général Collins, doit forcer l'isthme reliant Carentan à Périers. Collins dispose de trois divisions d'infanterie, la *4th Infantry Division* (*Major-General* Raymond O. Barton), la *9th Infantry Division* (*Major General* Manton S. Eddy) et la *83rd Infantry Division* (*Major General* Robert C. Macon) qui vient d'arriver, ayant débarqué le 18 juin à *Omaha Beach*. Huit jours plus tard, elle a progressé vers Carentan pour relever les éléments de la *101st Airborne Division* qui avaient été engagés dans le secteur. Cette division, fraîche mais sans aucune expérience, sera engagée dès le **4 juillet** face à la « Götz » ; le baptême du feu sera terrible.

Dans ce secteur, le principal adversaire est la *17.SS-Panzergrenadier-Division « Götz von Berlichingen »*, communément appelée la « Götz » (prononcer « gueutz »). Elle est maintenant commandée par le *SS-Standartenführer* Otto Baum depuis la blessure du *SS-Brigadeführer* Ostendorff. C'est une division d'infanterie motorisée avec deux régiments de « panzergrenadiers », la *SS-Pz.-Gren.Rgt. 37* (*SS-Ostubaf.* Fick) à trois bataillons, le *I./37* (Reinhardt), le *II./37* (Opificius) et le *III./37* (Zorn) et le *SS-Pz.Gren.Rgt. 38* (*SS-Ostubaf.* Horstmann) à trois bataillons, le *I./38* (Ertl), le *II./38* (Nieschlag) et le *III./38* (Bolte). Ils sont appuyés par un bataillon blindé *(SS-Pz.-Abt. 17, SS-Stubaf.* Kepplinger) équipé de canons d'assaut (StuG). La division dispose aussi d'un groupe de reconnaissance (*SS-Aufkl.-Abt. 17*, commandée par le *SS-Stubaf.* Holzapfel), d'un groupe antichars et d'un régiment d'artillerie. Le verrouillage de la bande de terrain s'étirant entre Carentan et Sainteny est assuré d'ouest en est par le *FJR6* (von der Heydte), le *III./37*, le *I./37* et le *II./37*. Le *I./38* (Ertl) est à l'est du secteur tenu par la division, à l'est de la Taute, sur la presqu'île de Graignes. Les deux autres bataillons sont en réserve, le *III./38* près de Tribehou et le *II./38* près de Pont-Hébert. Ainsi, le point le plus sensible est la route menant à Sainteny, secteur tenu par le *I./37* et plus particulièrement par la *2./37* du *SS-Ostuf.* Hüner avec des points d'appui de deux à trois hommes.

Mourir pour Sainteny

4 juillet - Le soleil va se lever sur une journée particulièrement chère au cœur des Américains, « l'Independance Day », la fête nationale. Le général Collins souhaite que cette journée amène une nouvelle victoire. L'aube point, la préparation d'artillerie dure dix minutes, c'est un orage d'acier qui tombe sur les lignes allemandes. Ce sont dix minutes infernales pour les grenadiers de la « Götz ». Mais le manque d'expérience de la *83rd Inf. Div.* va se déclarer dès le départ : flottement, manque de coordination. Sur la droite, le colonel Barndollar mène son régiment, le 331e, à l'attaque. Deux heures après, il est mort, une balle l'a touché près du cœur. Le 331e est appuyé par le 3e bataillon du 329e dont la mission est de couvrir le 331e le long du Marais de Gorges. Ce bataillon réussit à franchir une petite vallée marécageuse. Mais, alors que la compagnie lourde attend pour passer à son tour, les paras de von der Heydte contre-attaquent pour fermer cette brèche qui menace Raffoville et Le Mesnil. Les mortiers et les mitrailleuses

(1) G. Bernage, *Objectif Carentan*, Heimdal, 2010.

(2) G. Bernage, *La Bataille de l'Odon*, Heimdal, 2009.

Le *Major General* Robert C. Macon. Sa division subira de très lourdes pertes. (DAVA/ Heimdal.)

Le *SS-Standartenführer* Otto Baum commande la « Götz » après la blessure du *SS-Brigadeführer* Ostendorff.

Fallschirmjäger-Regiment 6, les paras de von der Heydte

Ces trois photos inédites nous montrent des paras du *Fallschirmjäger-Regiment 6* dans le secteur de Méautis. Ils sauront utilisés chaque haie comme réduit défensif. (Collection Jean-Yves Nasse.)

Après l'échec de la contre-attaque de la « Götz » sur Carentan, les paras du *Fallschirmjäger-Regiment 6* du *Major* Friedrich August von der Heydte qui ont affronté les paras de la *101st Airbornne Division* du 6 au 11 juin dans la bataille pour Carentan, sont engagés au sud-ouest de cette ville. Ce régiment, qui avait perdu son Ier bataillon le 7 juin, pris dans une embuscade entre Vierville-au-Plain et l'écluse de la Barquette (voir *Objectif Carentan*, par G. Bernage), a été rattaché à la « Götz » avec laquelle il a participé à la contre-attaque du 13 juin, un échec qu'il faut plus imputer à la « Götz ». Il a été relevé par la « Das Reich » au début du mois de juillet. Le *FJR 6*, qui a prouvé son mordant devant Carentan en y gagnant son surnom de « Lions de Carentan », est exsangue ; il reçoit 830 hommes pour compenser une partie des vides, beaucoup d'entre eux doivent être dotés d'un nouvel uniforme et équipés pour être opérationnels. Dans ses *Mémoires,* von der Heydte note : *« Un tiers environ n'avait même pas un casque, plus de la moitié des chaussures usées ; instruction et moral combatif semblaient être plus mauvais que dans le régiment originel ».* Werner Hültich, l'un des paras, vétéran des précédents combats au sein du *FJR6*, alors *Obergefreiter* (caporal-chef), se souvient : *« Avec le remplacement, il y avait beaucoup de gars vraiment jeunes, de 17 et 18 ans, qui avaient été amenés directement du banc d'école pour devenir soldats. Ils n'étaient même pas des paras complètement instruits qu'on aurait pu envoyer au combat sans hésitation : on ne pouvait rien voir de leur instruction et de leur école de saut. Nous devions d'abord tout apprendre à ces jeunes et, comme nous étions constamment en opérations de combat, ces jeunes devaient apprendre très rapidement, s'ils ne voulaient pas êtres tués tout de suite en étant engagés. Certains avaient été victimes du "racolage de héros" dans les bureaux et sur les bases aériennes. C'était du personnel au sol et ils avaient eu un fusil dans la main bien des années auparavant et s'étaient portés volontaires pour la Fallschirmtruppe sur les conseils des recruteurs. »* (V. Griesser, *Les lions de Carentan,* Heimdal, p. 61). Le *Major* von der Heydte répartit ces nouveaux arrivés au sein des compagnies de ses deux bataillons qui lui restent, le *II./6* (*Hauptmann* Rolf Mager) et le *III./6* (*Hauptmann* Horst Trebes). Ils seront encadrés par des paras expérimentés. Mais, malgré ces renforts, les compagnies ne sont pas à effectifs pleins.

Au début du mois de juillet, le régiment se trouve engagé sur des positions défensives échelonnées entre Périers et Saint-Germain-sur-Sèves. Pour faire face à cette situation, une 16e compagnie (la *16./6*) avait été constituée à partir de la section cycliste et de la section de combat régimentaire. Le 4 juillet, cette nouvelle compagnie avait réduit une pénétration de l'infanterie américaine dans la ligne principale de résistance *(HKL)* en contre-attaquent immédiatement. Lors du combat au corps à corps permettant de rejeter les fantassins américains, l'*Obergefreiter* Thiel et son groupe ont réussi à faire quinze prisonniers, ce qui lui vaudra la Croix de fer de Ire classe *(EK I)*. Le régiment va alors tenir une croupe de terrain faisant face à la zone de marais, délimitée par deux cours d'eau, la Sèves à l'ouest et l'Holerotte à l'est, avec le village de Saint-Germain-sur-Sèves au cœur de ce secteur. Les Américains l'appelleront *Seves island*, l'île de la Sèves car c'est ainsi que ce morceau de terre ferme, pointé vers eux, surgit au sortir de la zone aquatique dont ils auront dû mal à s'extraire.

des paras s'abattent sur le bataillon du 329e qui bat en retraite précipitamment. Les pertes sont lourdes : une compagnie entière est portée disparue, une autre n'a plus que le tiers de ses effectifs. Le bataillon a perdu la majeure partie de son armement lourd et reste en couverture sur sa ligne de départ. Dans la soirée, le chef du bataillon s'arrangera avec les Allemands, sans l'accord du général Macon, pour obtenir une trêve et aller chercher ses blessés et ses morts. Sur l'aile gauche, le 330e régiment (colonel Mc Lendon) va réussir à progresser de près d'un kilomètre. La percée se dessine le long de l'axe routier. Le 37e Régiment de la « Götz » reçoit le choc durement. La 6e compagnie explose *(II./37)* ; son chef, le *SS-Ostuf.* Tetzmann est blessé, il ne reste que cinquante survivants. La brèche est comblée par la compagnie de reconnaissance régimentaire commandée par le *SS-Hstuf.* Gröner. La situation de la 10e compagnie *(III./37)* est aussi grave ; elle ne compte plus que trente combattants commandés par le *SS-Ostuf.* Thomas. Mais ce coin enfoncé par le *83rd ID* dans les lignes allemandes n'est pas la progression rapide qu'escomptait le général Collins. Lorsqu'un bataillon attend qu'un autre le rejoigne pour progresser à son tour, Collins empoigne le téléphone et transmet une mise en garde cinglante à l'intention du général Macon : « *C'est exactement ce que je ne souhaite pas, ne me donnez pas l'occasion d'entendre de nouveau quelque chose de la sorte* ». (That's exactly what I don't want. Don't ever let me hear of that again ! » Il veut que les bataillons, qui se sont enfoncés dans les lignes allemandes, n'attendent pas et pénètrent en profondeur contraignant les Allemands au repli, en les menaçant sur leurs arrières. Malgré des succès locaux, Sainteny (qui était l'objectif de cette première journée de combat) est encore à trois kilomètres, dans le meilleur des cas. Dans le pire des cas, la ligne de front est inchangée. Plus grave, pour le VIIe corps US, les pertes de la *83rd ID* sont de 1 400 hommes, soit 10% de pertes. A ce rythme, la division sera désintégrée en moins d'une semaine. Mille hommes sont tombés face aux paras de von der Heydte (l'échec du bataillon du 329e RI y est pour quelque chose) et quatre cents hommes sont tombés face aux grenadiers du *SS-Ostubaf.* Fick. Les pertes allemandes sont sérieuses mais beaucoup moins importantes : 450 hommes, soit trois fois plus faibles. les paras comptent 50 morts et 250 blessés, le 37e régiment de grenadiers recense 30 tués et 120 blessés évacués. Les Allemands ne laissent que six prisonniers aux mains des Américains.

5 juillet - Le général Collins, qui prévoyait de lancer cette nouvelle journée d'offensive à partir de Sainteny avec deux divisions en ligne, n'a qu'une solution : continuer à avancer avec la seule 83e. Il remanie quelque peu son dispositif en mettant à gauche le 329e qui était en réserve (le 3e bataillon de ce régiment reste en appui sur la droite) afin de soulager le 330e de Mc Lendon qui a subi de lourdes pertes ; le leiutenant-colonel Williams E. Long prend le commandement du 331e (en remplacement de Barndollar tué la veille). Une nouvelle aube et une nouvelle préparation d'artillerie de dix minutes. Le général Macon sera en permanence derrière ses chefs de bataillon, les poussant en avant par tous les moyens, les messages téléphoniques se succèdent : « *prenez votre objectif, foncez dessus sans vous soucier de vos flancs ou de vos lignes de communication* », - « *ne vous occupez pas des brèches, souciez-vous de l'avance du bataillon* » - « *ne vous occupez pas de la contre-attaque ennemie, avancez* », etc. Mais les nouveaux gains de terrain restent faibles. En cette nouvelle journée, les Allemands notent : « *Les Américains lancent assaut sur assaut avec courage mais*

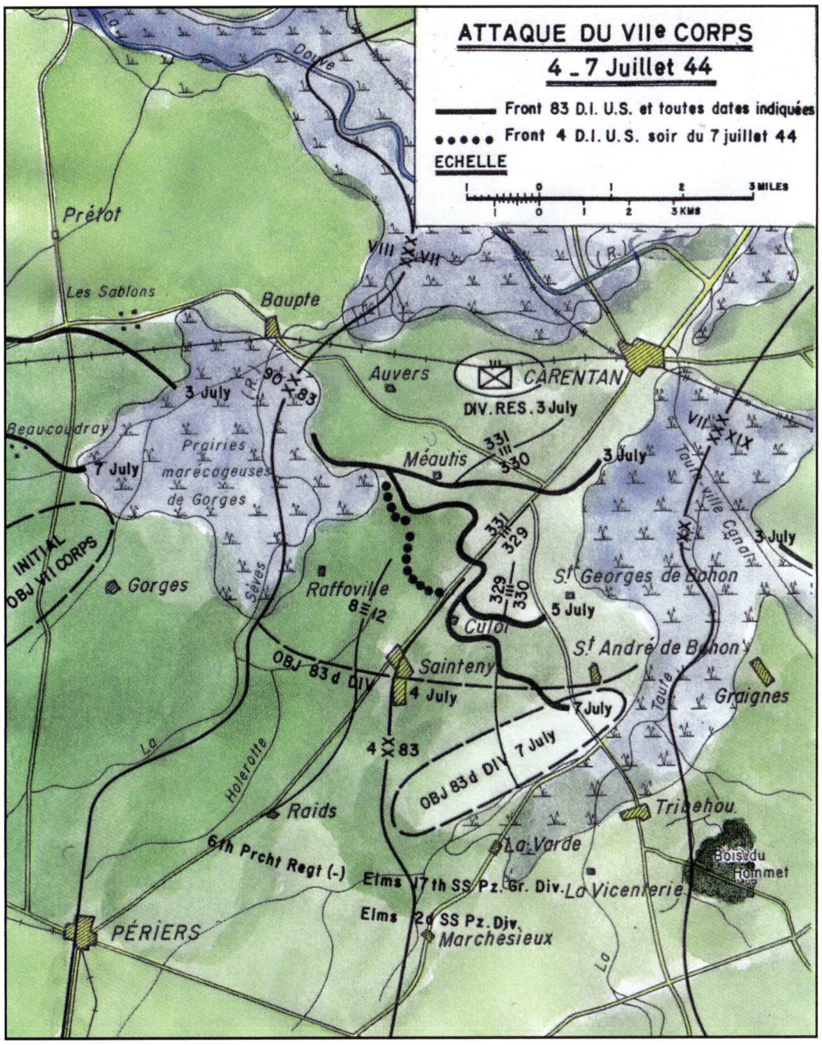

les combats seront sans grand succès pour les deux camps ». Dans son historique officiel (*Breakout and Pursuit*, p. 85), Martin Blumenson écrit : « *En deux jours, la 83e a montré toutes les faiblesses et a commis à peu près toutes les erreurs qu'une nouvelle unité peut commettre. De mauvais rapports des unités subalternes, de mauvaises lectures des cartes, de mauvaises communications rendant presque impossible un soutien d'artillerie coordonné. Un commandement et une discipline laxiste entraînèrent la multiplication des traînards. Les chefs de régiments et de bataillon ne semblaient pas capables de coordonner leurs unités, de faire des reconnaissances en temps voulu ou de pousser leurs attaques avec vigueur. La coopération infanterie-chars était particulièrement mauvaise.*

Enfin, cette nouvelle journée a coûté 750 pertes nouvelles dans le personnel de la division, pertes importantes surtout dans l'encadrement.

6 juillet - Le terrain gagné la veille ne permet pas au général Collins d'engager une seconde division. Cependant, pour soulager la *83rd ID*, sérieusement affaiblie par ses 2 200 tués et blessés, il réduit de moitié son secteur de front et engage des éléments de la *4th ID* du général Barton. La *83rd ID* laisse en ligne, sur la gauche, les 329e et 330e RI. Le 331e, trop éprouvé, est remplacé par les 8e et 12e RI de la *4th ID*. Le 12e RI du colonel Luckett est appuyé par des chars *(70th Tanks)*, des chars T.D. *(801st T.D. Bn)*, des mortiers lourds. Le 8e RI va relever les restes du 3e bataillon du 329e, le long des Marais de Gorges. Malgré ces nouvelles dispositions, cette nouvelle journée n'apportera pas de nouveaux gains de ter-

Le *SS-Ostubaf.* Fick commande le *SS-Pz. Gren.Rgt. 37.*

Le *Major General* Barton.

1. Plaque d'identité de Günther Rieck qui a été enregistrée sous le numéro personnel - 11069 - au *SS-Pz.Gren.Regt. Der Führer* et qui a ensuite été versé à la 4e Cie de cette unité. Au moment de sa mort, il avait le grade de *SS-Sturmmann* (Caporal) et appartenait à la *Götz*, ayant été versé à la *4./SS-Pz.Aufkl.Abt. 17*. Cette plaque d'identité a été trouvée en août 1985 au lieu-dit Varimesnil à Méautis, près de la route du Culot allant à Sainteny. Günther Rieck, né à Hambourg le 6 avril 1924, a été porté disparu le 8 juillet 1944 dans le secteur de Sainteny. (Coll. privée.)

2. Le *SS-Mann* Rudolf Kick tué le 7 juillet 1944.

3. Sa tombe au cimetière militaire d'Orglandes.

rain. La *4th ID* ne peut avancer. La *83rd ID* perd 700 hommes de plus en repoussant des contre-attaques locales. L'échec de la *4th ID*, unité expérimentée, montre au général Collins que l'échec de la *83rd ID* n'est pas uniquement dû à son inexpérience mais bien plutôt à la difficulté du terrain et à la qualité de l'adversaire. Pour ce dernier, cette journée sera toutefois terrible. Cette fois, le choc va tomber sur le *I./37* (Reinhardt). Il y aura peu de survivants dans ses trois compagnies : la 1re (*SS-Hstuf.* Schlebes), la 2e (sous-lieutenant Hüner), la 3e (*SS-Hstuf.* Wagner). Le *SS-Stubaf.* Reinhardt a disparu dans la tourmente. Tout le bataillon a volé en éclats. Le *I./37* et le *III./37* vont fusionner sous le commandement du *SS-Hstuf.* Zorn. Le *II./37* (Opificus) a été éprouvé lui aussi dans la bataille. C'est donc une très mauvaise journée pour le 37e régiment de grenadiers du *SS-Ostubaf.* Fick. L'un des deux bataillons de réserve est appelé pour renforcer la ligne de front ébranlée ; le *II./38* (*SS-Stubaf.* Boltel), qui se trouvait à Tribehou, formera une deuxième ligne devant Sainteny. Ce bataillon de réserve part à la contre-attaque sans attendre ; Bolte est tué, il est remplacé par le *SS-Hstuf.* Schwiekert. Le *SS-Standartenführer* Otto Baum fait un bilan pessimiste, la « Götz » vient de perdre deux chefs de bataillon : Bolte tué dans la contre-attaque et Reinhardt porté manquant. Un autre bataillon de réserve va être appelé en ligne : le groupe de reconnaissance (*SS-Aufkl.-Abt. 17*) du *SS-Standartenführer* Holzapfel qui est au repos dans la lande de Lessay.

Dans les deux camps, le bilan semble négatif. Au VIIe Corps US, le général Collins enregistre de nouvelles pertes pour un gain de terrain insignifiant, tandis qu'à l'état-major de la « Götz », le *SS-Standartenführer* Baum doit appeler ses réserves devant l'importance des pertes. C'est donc en faveur des Américains que va pencher maintenant la balance ; leurs formidables « coups de bélier » ont ébranlé les lignes allemandes.

7 juillet, à l'est de la Vire - Il est 3 heures du matin (heure anglaise) en ce début du 7 juillet. Les nuages bas cachent la pleine lune, baïonnette au canon, les fantassins du 2e bataillon du 117e RI US rejoignent les berges de la Vire rendues glissantes par les pluies des derniers jours. Silencieusement, la première vague embarque sur les bateaux d'assauts manœuvrés par des sapeurs du 247e bataillon du Génie (*247th Engineer Combat Battalion)*. Trente-deux bateaux de caoutchouc transportent deux compagnies du 2e bataillon, sur un front de 400 mètres de large dans un coude de la Vire à quelques centaines de mètres au nord d'Airel ; la rivière ne fait ici que 19 mètres de large (70 pieds). 3 h 30 (4 h 30 heure locale/heure allemande), l'artillerie de la *30th Infantry Division* se déchaîne sur les positions allemandes de la rive gauche tenues par les fantassins de la *Kampfgruppe Heintz*. Le général Corlett, commandant le XIXe corps US, vient de lancer une offensive sur la rive occidentale de la Vire. La *30th ID* est en train de traverser la rivière en ces heures matinales avec le 117e RI en premier échelon. Elle sera appuyée par la 3e division blindée US *(3rd Armored Division)* dès que la tête de pont sera assurée. Le secteur tenu par le XIXe corps s'étend à l'est de la Vire et descend assez largement au sud, jusqu'au nord de Saint-Lô, et plus au sud encore jusqu'à Caumont-L'Eventé. Ce secteur s'enfonce profondément dans le bocage normand et une attaque plein ouest prendrait à revers le front allemand, qui s'obstine à s'accrocher devant Sainteny face au VIIe corps du général Collins. Ainsi, en cette aube du 7 juillet, Corlett vole au secours de « Joe la Foudre » (Collins). Le XIXe corps lance donc deux divisions dans cette nouvelle offensive.

- La **30th Inf.-Div.** est commandée depuis 1942 par le *Major General* Leland S. Hobbs, assisté du *Brigadier* William K. Harrisson. Elle dispose de trois régiments d'infanterie : le 117e (colonel Henry E. Kelly), le 119e (colonel Alfred V. Ednie), le 120e (colonel Hammond D. Birks). Cette division est appelée « Old Hickory » en souvenir d'Andrew Jackson né à la limite de la Caroline du Nord et de la Caroline du Sud et qui accomplit une carrière militaire dans le Tennessee. Le badge de la division, avec son « O » et son « H » bleu sur un ovale rouge, rappelle ce nom ; trois croix bleues dans le « H » évoquent l'appartenance de la division au XXXe corps lors de la Première Guerre mondiale.

- La **3rd Armored Division** est commandée par le *Major General* Leroy H. Watson qui sera transféré le 6 août au*12th Army Group*. Il sera alors remplacé par le général Maurice Rose, énergique, ferme, rapide dans ces décisions. Il dirigera alors la division à la tête de ses troupes, et c'est à la tête de ses troupes qu'il trouvera la mort fin mars 1945, tué avec quelques uns de ses tankistes en première ligne. La *3rd AD*, la *Spearhead Division* (la Division Fer-de-Lance) est une force blindée articulée, selon le principe américain, en deux groupes tactiques (« Combat Command A » et « Combat Command B »). Le **Combat Command A** est sous les ordres du *Brigadier* Doyle O. Hickey et regroupe le *32d Armored Tank Regiment* (col. Leander L. Doan - moins un bataillon), le *67th Arm. Field. Art.Batt.*, un groupe du *36th Arm.Inf.Regt.*, une batterie du *486th Arm.A.A. Bat.*, une compagnie du *703rd TD Bat.*, une compagnie sanitaire, une compagnie de maintenance. Ces *Combat Commands* associent donc les divers types d'unités de la division : chars, artillerie (une batterie), infanterie (un bataillon), chars T.D. (une compagnie), DCA (une batterie), une compaghnie sanitaire et une compagnie de maintenance. Cette *Spearhead Division* nous permet de voir comment fonctionnent alors les divisions blindées qui seront si décisives dans l'Opération Cobra, dans un peu plus de deux semaines. Nous remarquons que certaines unités sont éclatées entre les *Combat Commands*, c'est le cas du régiment d'infanterie de la division, le *36th Armored Infantry Regiment* (commandé par le colonel Parks ; il sera remplacé le 18 juillet par le colonel William W. Cornog, Jr.) est éclaté en trois. Un bataillon est intégré au *Combat Command A*, un autre est intégré au *Combat Command B*, le troisième reste à la disposition de la division. Ces fantassins ont pris le surnom de *Bliz Doughs* (gars éclair). Outre les deux *Combat Commands*, la division dispose d'un troisième groupe d'artillerie, le 54e (l'ensemble de l'artillerie divisionnaire étant sous les ordres du colonel Frederic J. Brown), d'un groupe de reconnaissance (le 83e, lieutenant-colonel Prentice E. Yeomans), d'un bataillon du génie (le 23e, lieuteannt-colonel Lawrence G. Foster, qui mettra bientôt au point les « coupe-haies » à l'avant des chars), de diverses unités dont le reste des chars T.D., de la

DCA, répartis dans les *Combat Commands*. C'est une organisation assez complexe mais qui permet à la division une grande souplesse dans l'utilisation et de mener l'offensive suivant deux axes blindés ; nous en aurons prochainement l'illustration. C'est un peu une adaptation américaine des *Kampfgruppen* allemands. Le badge des unités blindées américaines reflète bien cette intégration des unités : il est triangulaire avec trois quartiers, un bleu pour l'infanterie, un jaune pour la cavalerie, un rouge pour l'artillerie, en noir des chenilles et un canon (figurant les chars et la puissance) surmontés d'un éclair rouge (« l'action de choc »). Un chiffre dans la pointe supérieure indique le numéro d'ordre de la division. La *3rd Arm. Div.* a déjà été engagée sur Villiers-Fossard pour soutenrir la *29th Inf. Div.*, le 29 juin.

La veille, la *30th Inf. Div.* était établie en arc de cercle le long de la Vire et du canal de la Taute. Du nord au sud : - le 120e RI (Birks) le long de la rive nord du canal, - les 117e (Kelly) et 119e (Ednie) à l'est de la Vire près d'Airel. Au nord le terrain est trop marécageaux, c'est à Airel (rive droite) et Saint-Fromond (rive gauche, à l'ouest, sur la rive tenue par les Allemands) que les terres fermes des deux rives se rejoignent mieux. A Saint-Fromond, le terrain ferme mesure 400 yards (365 mètres environ) de large et permet le déploiement de deux bataillons de front. De plus, l'existence d'un pont, qui n'est que légèrement endommagé, permettra le passage facile des colonnes blindées.

Ainsi, en ce **7 juillet** à **3 h 30** du matin (heure anglaise), quatre groupes d'artillerie ouvrent le feu et frappent la rive occidentale de la Vire. A 4 h 20, les fantassins du **2e bataillon** du **117e RI US** franchissent la rivière. Plus au nord, en début d'après-midi, le **120e RI** du colonel Birks traverse à gué près du pont détruit sur le canal Vire-Taute, menant à Saint-Jean-de-Daye depuis le nord.

Dans la foulée, arrive le **113th Cavalry Group** du colonel William S. Biddle qui oblique aussitôt vers l'ouest afin de couvrir l'aile droite du front de la *30th ID* sur la tête de pont. Pendant ce temps, les restes du pont de pierre de Saint-Fromond sont renforcés par des éléments métaliques destinés au passage des véhicules lourds (blindés et artillerie) tandis qu'un pont flottant est construit au pied du pont de pierre pour le passage des véhicules plus légers. Pour l'instant, la tête de pont XIXe corps à l'ouest de la Vire a connu un total succès et n'a en face d'elle que la faible opposition de la **Kampfgruppe Heintz**, les divisions allemandes du secteur sont alors bloquées sur leurs fronts respectifs.

En effet, alors que le *II./38* (commandant Nieschlag) de la *Götz von Berlichingen* était en réserve près de Pont-Hébert et aurait pu intervenir efficacement contre la tête de pont de Saint-Fromond, les pertes subies par la division de grenadiers ont nécessité sa montée sur la ligne de front de la division. De part et d'autre de la route, les hommes du groupe de reconnaissance du *SS-Stubaf.* Holzapfel vont mourir, pour défendre Sainteny et tenir cet ultime verrou avant Périers. Cette journée sera marquée par un nouveau « coup dur » pour le 38e régiment de grenadiers SS. Les « attaques suicides » de deux bataillons du régiment, le *II./38* du *SS-Stubaf.* Nieschlag et le *III./38* du *SS-Stubaf.* Bolte (qui a été tué), ne sont pas du goût du *SS-Staf.* Baum qui trouve que les attaques lancées précipitamment par le *SS-Ostubaf.* Horstmann ont été dispendieuses en hommes dont la division a le plus grand besoin. Pour s'expliquer de ce « gâchis », ce dernier devra passer devant un conseil de guerre ; Horstmann préfère se suicider. Son régiment n'a plus de chef ; les restes du *II./38* et du *III./38* seront fondus en une *Kampfgruppe*, sous les ordres du *SS-Hstuf.* Wahl. Une action d'éclat du *SS-*

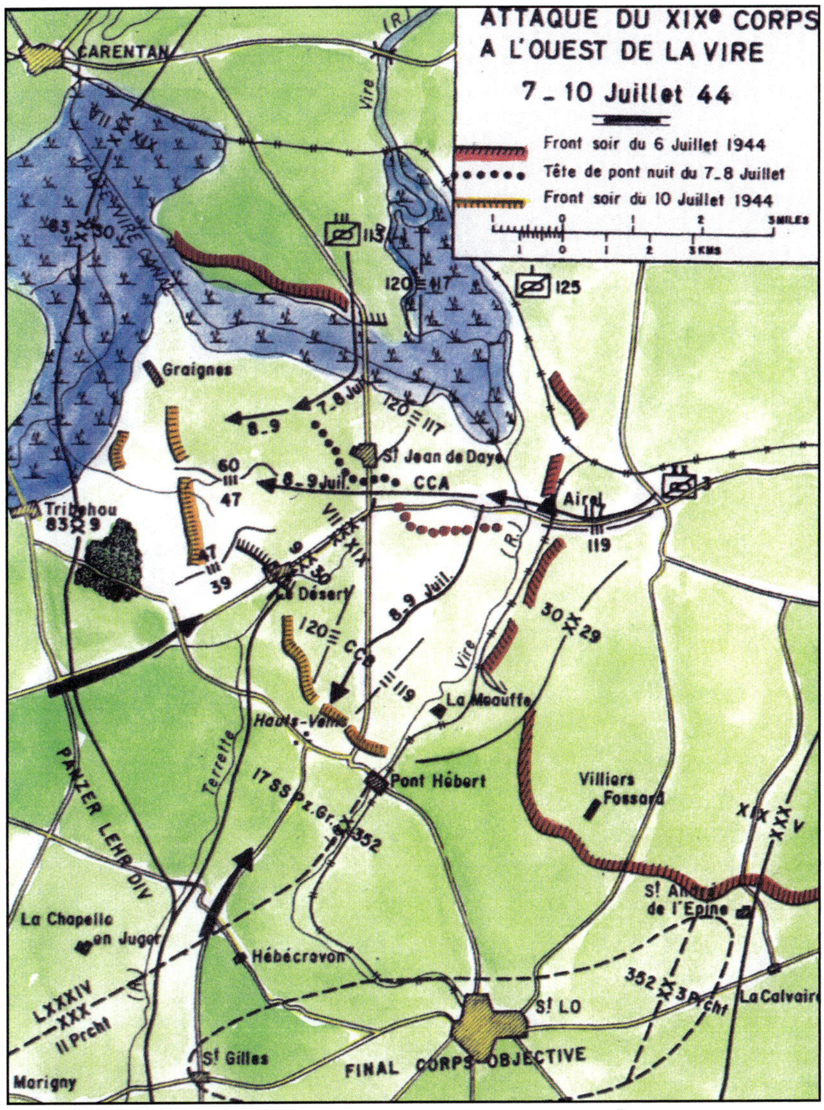

4. Le *Brigadier* Truman E. Boudinot, chef du *CCB* de la *3rd AD.* (Heimdal.)

5. Le *Brigadier* Doyle O. Hickey, chef du *CCA* de la *3rd AD.* (Heimdal.)

30th ID

3rd AD

Le *SS-Untersturmführer* (sous-lieutenant) Hoffmann, auteur de l'audacieux coup de main sur le petit pont de la vallée de la Taute. Il commandera plus tard une *Kampfgruppe*, comme nous le verrons page 34. (Munin/Heimdal.)

Ustuf. Hoffmann, officier au 38ᵉ régiment de grenadiers, va remonter le moral de cette unité très éprouvée. Hoffmann a reçu l'ordre de faire sauter un petit pont à Port-Saint-Pierre, au nord-ouest de Graignes, près de la Taute. Il a choisi, pour ce coup de main, quarante grenadiers du *II./38* et quelques hommes du génie qui doivent faire sauter le pont. Mais l'objectif est à près de dix kilomètres dans les lignes américaines... Le petit groupe est accompagné par quatre canons d'assaut, il s'ébranle dans la brume matinale. Premier accrochage, la colonne subit un tir de barrage pendant dix minutes, elle perd 11 hommes et passe, atteignant Rougeville. Hoffmann est sur son objectif deux kilomètres et demi plus loin. Le pont saute. La colonne revient en ayant capturé de nombreux véhicules américains et même un lieutenant-colonel avec une sacoche pleine de cartes et de documents précieux...

Si les Allemands de la *Götz von Berlichingen* ont subi aujourd'hui de nouvelles pertes qui ont oblitéré toutes leurs réserves, la situation ne semble pas réjouissante, en cette nouvelle journée, au PC du **général Collins**. Ce dernier espérait que cette journée verrait la prise de Sainteny par la **83rd ID** et une progression vers Périers de la **4th ID** en cours de rassemblement autour de Carentan. Cette nouvelle journée d'opérations et d'offensive devrait être appuyée par l'artillerie et le soutien de 100 bombardiers. La pluie fine qui tombe dans la matinée entraîne l'annulation du soutien aérien (qui deviendra plus effectif dans l'après-midi avec l'éclaircissement du temps). Le bilan de la journée va être très faible pour la 83ᵉ, quelques centaines de mètres tout au plus, et plus faible encore pour les vétérans de la 4ᵉ qui vont perdre encore 600 des leurs. Les fantassins américains du VIIᵉ Corps ne feront que 17 prisonniers en cette nouvelle journée. Comme le note Martin Blumenson, *« Les paras et grenadiers SS allemands combattent opiniâtrement, refusant de se rendre, même quand ils sont débordés par le nombre, et ne cédant du terrain qu'avec une répugnance désespérée »*. Les vétérans de la *4th ID* ont été aussi arrêtés par d'autres ennemis : les marais et la boue, mais surtout les « satanées haies » qui compartimentent le terrain par d'épaisses levées de terre surmontées de rideaux de verdure exubérante. Le GI est prêt à croire que cette « foutue guerre peut durer dix ans » mais, en fait, ce **7 juillet présente un grand tournant dans le sort des armes américaines**, le tournant avant la pause qui va mener au choc décisif. Les sacrifices terribles que les VIIIᵉ corps du général Middleton et VIIᵉ corps du général Collins ont subi du 3 au 7 juillet ont toutefois permis à toute l'aile droite du front américain de glisser lentement, emportant à l'ouest les collines du Bauptois (région de la Haye-du-Puits) qui constituaient un verrou difficile à forcer, et à desserrer, au centre, le verrou établi devant Sainteny jusqu'à Saint-André-de-Bohon. L'action de ces deux corps d'armée marque maintenant une pause, mais a permis, outre le gain de terrain, de fixer et user l'ensemble du front allemand au LXXXIVᵉ (84ᵉ) corps d'armée allemand du général von Choltitz toutes ses réserves, y compris ses réserves blindées (la division *Das Reich* engagée sous forme de *Kampfgruppen*, l'un dans le secteur de La Haye-du-Puits, la *Kampfgruppe Weidinger*, et l'autre dès demain face à la tête de pont de Saint-Fromond, la *Kampfgruppe Wisliceny*. Bien que les objectifs des VIIIᵉ et VIIᵉ corps US ne soient que partiellement atteints, le général Bradley peut être content de sa première armée américaine ; ses deux corps d'armée occidentaux ont fixé et usé les Allemands tandis que son deuxième corps vient de franchir la Vire. Le général Corlett a pleinement réussi à Saint-Fromond ; Bradley lui permet d'engager la 3ᵉ division blindée dès demain. Il n'y a en face de la *30th ID* que les débris de la *Kampfgruppe Heintz* et une petite partie de la *Götz*. L'attaque sur tous les fronts semble sourire au commandement américain : un coup de poing à droite, un coup de poing au centre et c'est le crochet du gauche qui va permettre la percée vers le sud-ouest. Mais les Allemands vont ménager deux surprises : la *Kampfgruppe Wisliceny* arrive à la rescousse et, ce soir, venant de l'est le général Bayerlein, commandant la prestigieuse *Panzer-Lehr-Division* (Division blindée d'instruction) vient d'arriver à Carantilly, à l'ouest de Canisy. Ses chars ont quitté le 2 juin, le secteur de Tilly-sur-Seulles, où ils ont bloqué les troupes britanniques pendant un mois, et se préparent, à l'ouest de Saint-Lô, à une grande offensive.

8 juillet - Alors que les blindés américains se préparent à franchir la Vire à Airel/Saint-Fromond, les blindés allemands se préparent eux aussi à un combat « décisif ». La **Kampfgruppe Wisliceny** est un groupement tactique rassemblant diverses unités de la division *Das Reich*, il est commandé par le *SS-Obersturmbannführer* Günther-Eberhard-Wisliceny, qui a la charge du régiment *Deutschland*, l'un des deux régiments de grenadiers de la *Das Reich*. C'est ainsi que la *Kampfgruppe Wisliceny* comprend l'état-major de ce régiment *(Stab « D »)*, son premier bataillon *(I./D)* ainsi que sa compagnie de pièces d'infanterie *(13./D)* ; ces éléments sont renforcés par le bataillon du génie de la division *(Pz.Pi.Btl. « DR »)*. Sont disponibles aussi dans le secteur une compagnie de chars de la *Das Reich*, la 6ᵉ compagnie *(6./Pz.Rgt. 2 « DR »)* et sa quinzaine de Panzer IV.

La **Panzer-Lehr-Division** était, le 6 juin 1944, la division blindée allemande la mieux équipée de tout le front de l'Ouest mais un mois de durs combats a réduit considérablement les forces de cette unité. Elle disposait de 189 chars le 1ᵉʳ juin (97 Panzer IV, 92 Panther et 6 Tiger), elle n'en a plus que 68 le 1ᵉʳ juillet (36 Panzer IV et 32 Panther), soit le tiers seulement des blindés engagés initialement. Cette division blindée reste toutefois une force encore redoutable, commandée par Fritz Bayerlein il était l'adjoint de Rommel en Afrique, et disposant de cadres très expérimentés et « qui en veulent ».

Le général von Cholitz envoie donc la **Kampfgruppe Wisliceny** pour une petite contre-attaque dans le secteur de Saint-Fromond avec comme objectif la cote 40, le carrefour entre le Dézert et Saint-Fromond. La quinzaine de Panzer IV de la 6ᵉ compagnie du régiment de chars de la *Das Reich* appuie cette action.

La *Kampfgruppe* doit prendre en charge les éléments de la **Kampfgruppe Heintz** et de la **Pionierschule Angers** qui se battent dans le secteur. Mais la situation est confuse et aucun contact ne peut être pris avec ces unités qui résistent face à la *30th ID*. Des éléments de la **Götz** constituent un front au nord-est devant le bois du Hommet, puis le **bataillon du génie de la Das Reich** (sous les ordres du *SS-Hstuf.* Brosow) verrouille la D.8 qui mène au Dézert, et de là à la route Saint-Lô/Périers, tandis que le **I**er **bataillon du régiment Deutschland** couvre la ligne de front au sud-est. Cette dernière unité subit des pertes, surtout de la part des chasseurs-bombardiers ; son chef, le *SS-Stubaf.* Schuster, est tué. Quoique ralenties par cette opposition nouvelle, les forces américaines engagées par le général Corlett dans la tête de pont de Saint-Fromond progressent. Saint-Jean-de-Daye a été pris la veille au soir. Le 113e groupe de cavalerie avance vers Graignes, le 119e RI se dirige vers Pont-Hébert tandis que, dans l'après-midi, le CCA (*Brigadier* Doyle O. Hickey) de la *3rd Arm. Div.* (général Hobbs) se presse déjà dans Airel pour franchir la Vire. Ce qui va créer un embouteillage monstre, les colonnes blindées vont se mélanger aux files de fantassins et aux véhicules de la *30th ID*. Lors des combats avec les unités de la *Kamfgruppe Wisliceny*, les unités américaines du général Corlett ont détruit cinq Panzer IV de la *Das Reich* (il existe des photos de ces chars détruits, que nous pourrons voir dans les pages suivantes).

La division **Das Reich** engage en cette même journée d'autres éléments, au centre, dans le secteur de Sainteny, pour soutenir la *Götz von Berlichingen* qui s'accroche désespérément au terrain. Le premier bataillon du régiment de chars, le bataillon Panther du commandant Kesten va être engagé sur l'axe Périers/Sainteny. Dès le 8 juillet, le *SS-Uscha.* Barkmann de la 4e compagnie détruit son premier Sherman.

La **Götz** va en effet subir encore de dures pertes aujourd'hui. Le *SS-Stubaf.* Opificius, qui dirige le *II./37*, clef de voûte de la résistance, est frappé en pleine tête. Un officier et deux hommes, qui venaient à son secours, sont hachés par des éclats. Le groupe de reconnaissance est tombé au tiers de son effectif mais tient encore devant Sainteny. Un renfort arrive toutefois ; le bataillon du Génie (du *SS-Stubaf.* Kurt Fleischer) vient de Saumur.

9 juillet - La *Kampfgruppe Wisliceny* attaque de nouveau et cause des pertes importantes au 120e RI US. Trois chars du *743rd T.D. Battalion* obliquent vers le nord au lieu du sud. Cela créé une pagaille puis une panique, sous les assauts des hommes de la *Das Reich*. Un terrible barrage d'artillerie qui s'abat sur les lignes allemandes sauve la situation, les GI's reprennent alors le terrain perdu. Les fantassins de la *30th Inf.-Div.* sont redoutables. Les Allemands les appelleront les « SS de Roosevelt » *(Roosevelt's SS)*, sobriquet dont les soldats de la 30e tireront une certaine fierté, puisqu'il les assimile à une troupe d'élite. Un mouvement de panique aura été arrêté par le commandement énergique des lieutenants-colonels Mc Dowell *(3rd/117th Inf.)* et Hugh T. Mainord *(3rd/102th Inf.)*. Le CCB de la *3rd AD* arrive sur les Hauts-Vents. Les progrès les plus rapides de la 30e se font le long de la Vire, en direction de Pont-Hébert. Les chars de la *Das Reich* vont se retirer mystérieusement, mais c'est en fait pour laisser la place à ceux de la *Panzer-Lehr*.

La *9th Inf.-Div.* qui ne peut s'aligner sur le front du VIIe corps devant Sainteny, étant donné son étroitesse, va être placée dans le secteur de Saint-Jean-de-Daye, au nord de la *30th Inf.-Div.*, sur son aile droite. Elle reste rattachée au VIIe corps qui s'étend maintenant jusque dans la tête de pont de Saint-Fromond.

1

2

1. Le *Generalleutnant* Bayerlein et son IIa, le *Major* Wrede, qui sera tué en octobre 1944. (Coll. H. Ritgen/Heimdal.)

2. Dans le secteur des Champs de Losques, montée en ligne d'une section de jeunes paras du *Fallschirmjäger-Regiment 13* (comte von der Schulenburg). Beaucoup d'entre eux n'ont pas vingt ans. En ce qui concerne la montée en ligne d'un autre régiment de la *5.FJ-Div.*, le *FJR 14* (qui sera anéanti dans quelques jours par le tapis de bombes) voici le témoignage d'un civil rapporté par Albert Pipet (dans *La Bataille de Saint-Lô*, Heimdal), pour le 12 juillet : « *A la tombée de la nuit, un régiment entier traversa le bourg de Marigny. Il ne comprenait que des jeunes de 17 à 20 ans. De vrais gamins. Courbés, épuisés, lourdement chargés de caisses de cartouches, cette jeunesse montait au front en gémissant. Beaucoup pleuraient, c'était à faire pitié. Moi, Français, cela me bouleversait. Nach Front, wieviel Kilometer ? (Vers le front, combien de kilomètres ?) me demande un jeune parachutiste. Wasser, Wasser, bitte ?) (De l'eau, de l'eau, s'il vous plaît !) implorait un autre. Des officiers hurlaient en poussant devant eux cette masse de casques et de fusils* ». Telle était l'unité que la PLD de Bayerlein recevait en renfort. D'après le témoignage de l'*Oberleutnant* Ebner, les officiers étaient issus de la Flak et du personnel au sol de la Luftwaffe, cette unité ne fut pas d'une grande aide pour la PLD. La plupart des paras du *FJR14* seront tués, blessés ou en état de choc sous le tapis de bombes. (Coll. A. Pipet/Heimdal.)

En ce 9 juillet, la *Panzer-Lehr-Division* se met en place sur des bases d'attaque face à la tête de pont de Saint-Fromond.

Le général Bayerlein va assister à la montée en ligne du 13e régiment de paras commandé par le comte von der Schulenburg, près des Champs-de-Losques. La plupart d'entre eux sont des soldats très jeunes qui ont à peine terminé leur instruction. Ils subissent un bombardement ; sur les 1 500 jeunes paras, il y

PC du *II./902* établi dans un chemin creux aux Hauts Vents près de Pont-Hébert, base de départ de l'attaque de la PLD le 11 juillet et secteur d'où partira l'attaque américaine du 15 juillet. A gauche, casqué, un agent de liaison. Près de lui, deux soldats des transmissions. Noter l'insigne des transmissions sur leur manche gauche. (HHD/ Heimdal.)

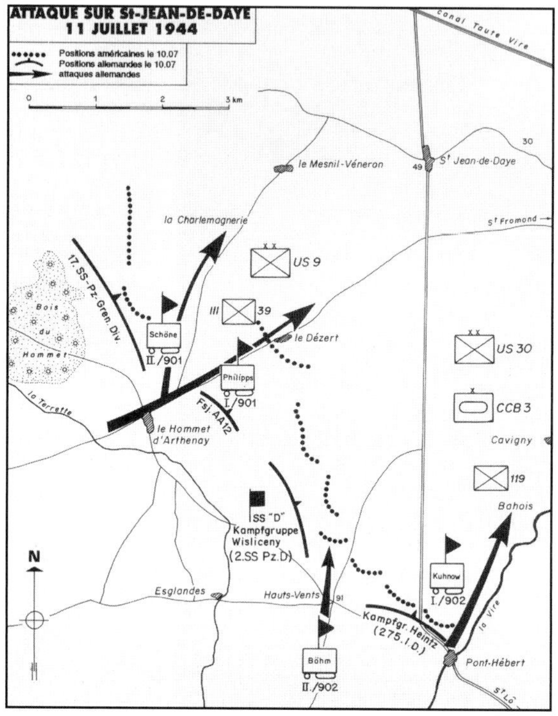

a 200 tués et blessés. Ce terrible baptême du feu va ammoindrir la confiance que le régiment a en sa propre force.

10 juillet - Cette nouvelle journée va être terrible pour la division **Götz von Berlichingen**. Un ouragan de feu s'abat sur les lignes allemandes. Seuls les Panzers résistent ; les hommes tombent les uns après les autres. Des compagnies sont réduites à une quinzaine d'hommes, des bataillons qui comptaient 950 hommes sont réduits à 120 hommes. Le IIIe bataillon du *SS-Pz.Gren.Rgt. 37*, qui comptait 945 hommes, n'en a plus que 345. La division qui avait deux régiments de grenadiers ne compte plus qu'un millier de fantassins. La clef de voûte de défense allemande face au VIIe corps du général Collins est presqu'anéantie. Les Américains prennent pied dans Sainteny. La division **Das Reich** se regroupe autour de Raids, ses chars, commandés par le *SS-Ostubaf.* Tychsen, reprennent Saint-André-de-Bohon et y détruisent un bataillon de la *83rd ID*.

Dans la soirée, une atmosphère étrange enveloppe la région de Saint-Fromond. Les fantassins de la *30th ID* et ceux, nouvellement arrivés, de la *9th ID*, entendent des bruits de moteurs de chars allemands dans le lointain. A proximité des positions, on entend les Allemands creuser. Tous ces grondements et rumeurs sont interprétés « comme un retrait général des forces allemandes ». Mais la *Panzer-Lehr* est repérée et elle n'a même pas fait le silence radio. En fait, c'est la grande offensive de la **Panzer-Lehr-Division** qui se prépare et doit démarrer dès les toutes premières heures du lendemain. Objectif : anéantir et rejeter les Américains au-delà du canal Vire-Taute et éliminer la menace sur le front à l'ouest de Saint-Lô.

11 juillet - La **Panzer-Lehr-Division** va mener son attaque suivant deux axes : - le 901e régiment de grenadiers (*Oberst* Scholze) renforcé par 12 Panzer IV du IIe bataillon de chars et une compagnie de chasseurs de chars (*Hauptmann* Oventrop) attaque au nord de la tête de pont, contre la 9e DI US ; - le 902e régiment de grenadiers (du *Major* Welsch) renforcé par 20 chars Panther de la *I./Pz.Lehr.Rgt. 130* attaque au sud de la tête de pont, contre la *30th ID* et le CCB de la *3rd AD*. L'attaque a pris du retard et ne démarre qu'à 5 h 30. « *Panzer marsch !* » Les colonnes blindées s'ébranlent, il y a déjà près de deux semaines que les chars allemands n'étaient pas partis à l'offensive. Les troupes d'élite de la *Panzer-Lehr* sont pleines de mordant. A 6 h 30, l'aile droite du groupe Scholze, son Ier bataillon (le *I./901*) commandé par le *Hauptmann* Philipps est déjà à 3 kilomètres dans les lignes américaines et a dépassé le Dézert. Là où les grenadiers trouvent de la résistance, ils appellent les Panzers et écrasent les nids de résistance américains. Un état-major de bataillon est submergé, puis un autre. Les prisonniers sont envoyés sans escorte vers l'arrière. L'attaque progresse rapidement et le capitaine Philipps s'avance toujours vers le nord, il s'approche du canal Vire-Taute. Quand il y sera, la *9th Inf.-Div.* du général Eddy sera complètement encerclée. Mais la *Panzer-Lehr* est trop faible pour réaliser ce dessein. Elle n'a plus que le tiers de ses chars et à peine la moitié de ses effectifs alors qu'elle doit affronter deux divisions d'infanterie et une division blindée américaine, renforcés par divers bataillons.

Elle attaque en fait à un contre six. C'est là un rapport de force impossible. Et le temps, couvert le matin, se dégage vers midi. Les « Jabos », les chasseurs-bombardiers, entrent dans la danse. Sur 32 panzers engagés, 20 vont être touchés et 12 continueront vers le canal. Les avions mitraillent les colones, les grenadiers se plaquent au sol, laissant les chars sans protection. Vers midi, 500 grenadiers seront tombés, tués ou blessés. Des hommes de la *30th ID* racontent : « Dans la matinée, quelques uns d'entre eux voient arriver quatre chars et un véhicule de commandement accompagnés de vingt grenadiers. Un lieutenant américain saute dans une Jeep équipée d'une mitrailleuse et ouvre le feu. Quelqu'un

Photo ci-contre : le *Hauptmann* Karl Philipps, nouveau Kommandeur du *I./901*, titulaire de la Croix de chevalier obtenue le 7 avril 1944, est capturé le 11 juillet 1944. Fils de pasteur, il sera lui aussi pasteur après guerre.

tire au bazooka, un coup puis un autre. Deux officiers balancent des grenades dans les tourelles ouvertes et contre l'infanterie d'accompagnement sur la route. Le premier char explose dans un jet de flammes, les tankistes allemands poussent des cris terribles. Un Allemand qui tente de prévenir le second char est haché par l'explosion. Un officier américain tire au FM BAR sur le véhicule qui se met à brûler tandis que le troisième char décroche. Il y aura là un total de cinq chars et quatre véhicules blindés détruits, soixante prisonniers et d'innombrable tués et blessés. Plus loin, face au 119e régiment, dans le secteur de Pont-Hébert, quatre autres chars sont détruits et treize chars sont mis hors de combat par l'action de l'aviation, des chasseurs P-47. » Ecoutons maintenant le récit d'un grenadier allemand qui appartient au bataillon du capitaine Philipps : « *Erster Zug macht einen geschlossenen Sprung auf - maarsch !* » (« première section, pour un bond en avant, marche ! »). L'adjudant-chef Sohlbach se dresse et court en avant. La section fonce sous les balles de mitrailleuses US, un grenadier s'effondre. On arrive à la haie d'en face, Bücker et son MG 42 (fusil-mitrailleur allemand) ouvre le feu aussitôt. Un canon antichars américain claque en face, arrachant un bout de la haie, un deuxième obus, Bücker est tué sur son MG 42. La section repart pour un nouveau bond en avant. Un char US sur la gauche ouvre le feu ; un « Panther » arrive par un chemin creux, le Sherman explose dans une gerbe de flammes. « *Dans le bois !* » hurle Sohlbach. Nous y courons. Des obus tombent, des camarades s'écroulent pour ne plus jamais se relever. Les tirs viennent de tous les côtés à la fois. « *Nous sommes encerclés !* » crie Müller. Sur la droite nous entendons nos chars « Panther » dont les canons claquent plus nettement que ceux des Américains. Les ennemis approchent. « *Ils sont là !* » Le feu du MG 42 les fauche lorsqu'ils apparaissent dans le clos en face. Ils se rendent. Ils sont vingt prisonniers qui s'ajoutent à la vingtaine déjà capturée, mais nous sommes encerclés. Sohlbach nous dit : « Il faut essayer de percer, camarades ! Nous sommes douze hommes et nous avons quarante prisonniers sur les bras. En silence, en une heure ou deux nous réussirons à nous échapper en passant par de petits bois ». Le capitaine Philipps, lui, ne s'échappera pas ; il finira en captivité. L'adjudant-chef Sohlbach rentrera dans les lignes avec ses douze hommes et ses quarante prisonniers ! Il recevra pour la cela Croix allemande en Or ». Si cette attaque avait réussi, elle aurait fait exploser la tête de pont de Saint-Fromond, gagnant un répit de plusieurs semaines au front allemand. Mais le général Fritz Bayerlein a échoué. Il vient de perdre 500 grenadiers et 23 de ses chars ; il ne lui en reste qu'une quarantaine… La fière *Panzer-Lehr* est réduite à une *Kampfgruppe*. La *9th ID* aura perdu un peu de terrain, soit 900 yards (820 mètres) avant que la contre-attaque soit stoppée. Dans le secteur de la **Götz**, le front va plier et Sainteny tombera enfin aux mains des Américains, après huit jours de combats.

12 juillet - Mais, après l'optimisme des 7 et 8 juillet, l'offensive américaine va tomber dans la guerre des haies face à des forces allemandes qui se sont regroupées. Du 7 au 13 juillet, la **30th Inf. Div.** aura perdu 3 200 hommes, le bataillon du flanc gauche du 119e RI US, exposé aux tirs provenant de la rive droite de la Vire qui est ici encore aux mains des Allemands, à 50 % de pertes. *Old Hickory* sera placée le 15 sous le contrôle du VIIe corps et elle cessera le 20 juillet ses actions pour se préparer à l'offensive finale. Au sud de Sainteny, la **Kampfgruppe Weidinger** vient soutenir la **Götz** très éprouvée.

Dans le secteur de **La Haye-du-Puits** le **14 juillet 1944**, la *8th Inf. Div.* occupe enfin la rive nord de l'Ay après le repli des Allemands sur la nouvelle ligne de défense, la « *Wasserstellung* ». Ce repli a été effectué le 13 juillet sur l'ensemble du front entre la Vire et la mer, sur ordre du général von Choltitz.

La **79th ID** a subi des pertes sérieuses au début du mois et elle n'a plus bougé après la prise de La Haye-du-Puits les 8 et 9 juillet. Une de ses compagnies d'infanterie, qui ne comptait que 94 hommes le 7, n'aura plus que 47 hommes deux jours plus tard. La 79e prend Angoville-sur-Ay le **11 juillet** et atteint aussi la rive nord de l'Ay le **14 juillet**. Le nettoyage de la zone côtière de Montgardon à l'Ay coûte 2 000 hommes supplémentaires et Lessay reste aux mains des Allemands. La **90th ID** prend pied sur le côté sud du Mont Castre le **10 juillet** et s'en empare totalement le lendemain. Très diminuée, la division n'atteint le cours de la Sèves que le **14 juillet**, après le repli allemand établissant le contact avec l'aile droite du VIIe corps. Le général Landrum a enfin atteint son objectif mais au prix de 2 000 pertes supplémentaires.

Le VIIIe corps du général Middleton a réalisé la mission qui lui a été impartie le 2 juillet. Mais ces douze jours de combats lui ont coûté 10 000 pertes. Il est maintenant en ligne le long des cours de l'Ay et de la Sèves, mais sans espoir que les Allemands s'effondrent rapidement ; ils n'ont cédé du terrain que pied à pied. L'ordre de repli du 13 a été donné directement par von Kluge (Groupe d'Armée B) à von Choltitz en raison du manque de renforts pour combler les trous dans la ligne de front allemande. En ce 14 juillet, Coutances, objectif envisagé lors de l'offensive américaine du 2 juillet, « semble aussi inatteignable que Berlin ».

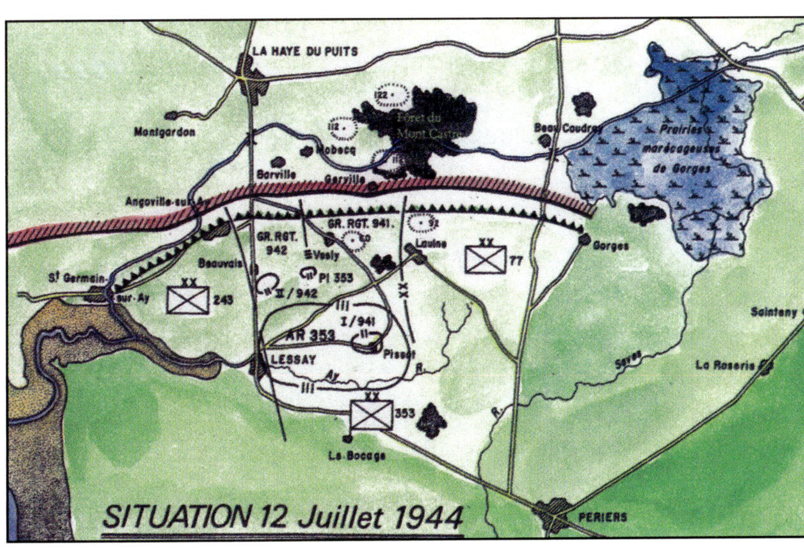

(Heimdal)

Saint-Fromond, le 9 juillet 1944.

1. Un char léger de la *30th Infantry Division* vient de Saint-Fromond et se dirige vers le carrefour qui mène au Désert en passant devant un canon antichar de 90 mm établi en position défensive.

2. Une pièce de trois pouces tirée par un halftrack de la *30th Infantry Division* se dirige vers la position d'où elle soutiendra la progression de l'infanterie.

1

2

30th ID

3rd AD

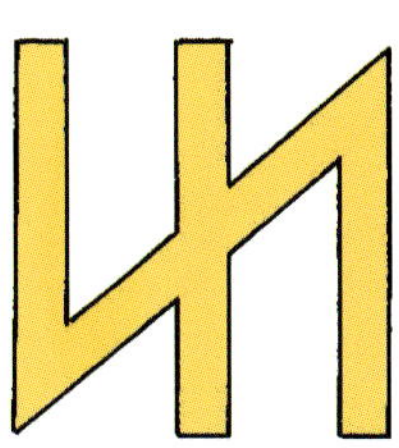

Das Reich

3, 4 et **5.** Deux ou trois Panzer IV de la 6ᵉ compagnie du régiment de chars de la division « *Das Reich* » *(6./SS-Panzer-Regiment 2* « DR ») ont été détruits alors qu'ils appuyaient la *Kampfgruppe Wisliceny* dans sa contre-attaque contre la tête de pont américaine. Quinze chars de ce type avaient été engagés. On remarquera le signe tactique de la division « Das Reich » peint au pochoir à l'arrière des chars que nous voyons sur la photo **3**. Des colonnes de chars Sherman de la compagnie « D » du *33rd Armored Regiment* du CCA de la *3rd Armored Division* montent vers le front en passant près des carcasses des Panzer IV alignées près du cimetière. Toutes les photos de ces deux pages ont été prises par le correspondant de guerre américain Lovell. (Eto HQ. 44 - 7073, 7076, 7079, 7072, 7078) - photos Nat. Archives et US Army - collection Heimdal.)

Saint-Fromond, 10 et 11 juillet 1944.

1. Le 10 juillet, dans un hameau près de Saint-Fromond, des hommes des transmissions tendent des lignes téléphoniques tandis qu'un char léger Stuart et des fantassins marquent une pause.

2. Avec un certain sens de l'humour, ces tankistes en observation dans leur char Stuart ont placé sur une borne une poupée qui regarde dans la direction d'où vient le feu allemand, 11 juillet.

P.L.D.

3rd AD

30th ID

3. En ce 11 juillet, près de Saint-Fromond, ces chars et véhicules du *33rd Armored Regiment* (CCB) de la *3rd Armored Division* s'entassent sur cette route boueuse. A quelques centaines de mètres devant, leurs camarades résistent à une contre-attaque de la *Panzer-Lehr-Division* venant des Hauts-Vents. Le char léger Stuart du premier plan appartient à la compagnie « C » du 33e régiment de chars *(33rd Arm. Rgt)* et se nomme « Carol ».

4. Près de Saint-Jean-de-Daye, 11 juillet, alors que la *Panzer-Lehr-Division* attaque, ce char « Tank Destroyer M-10 » vient soutenir la *30th Infantry Division*.

(Photos US Army, collection Heimdal.)

Sainteny, 11 et 12 juillet 1944.

1 et **2.** Sur la route Carentan/Périers, le village de Sainteny est l'objectif du *VII Corps* du *Maj.Gen.* Collins depuis le 3 juillet. Il ne tombera aux mains des Américains que le 11 juillet, après plus d'une semaine de terribles combats. Le village de Sainteny est légèrement décalé à l'est de l'axe routier, rectiligne, le long duquel s'étire son hameau des Forges où cette photo est prise. A l'angle d'une maison qui se dresse du côté oriental de la route (côté village), en regardant vers le nord-est, des GI's du *329th Infantry Regiment* de la *83rd Infantry Division* prennent la pose pour le photographe - cliché pris après le 12 juillet.

1

2

3

3 et **4.** Les GI's déjà aperçus sur la photo précédente tirent au bazooka sur un char Panther du *SS-Pz.-Rgt. 2* de la Division « *Das Reich* » immobilisé le long de la route, dans le hameau, lors des combats que cette unité de chars allemands mena ici du 8 au 10 juillet. La « destruction » de ce Panther est donc une reconstitution opérée pour le photographe le 11 ou le 12 juillet, pour rendre l'idée des combats réels qui se sont déroulés ces derniers jours.

4

5

9

5 et **6.** En continuant sur le côté occidental de la route, où le Panther a été détruit, après le carrefour au sud, un obus vient de frapper une maison des Forges.

7 et **8.** Au centre du village de Sainteny, l'église a été ravagée par les combats : le chœur est anéanti, le clocher a été fauché par les obus, la nef est endommagée. Au premier plan, le monument aux morts est tombé de son socle - depuis, l'église a été restaurée.

9. A l'entrée des Forges.

6

10

10. Dans le village.
(NA et E.G./Heimdal.)

8

7

L'artillerie de la 9th Infantry Division en action près de Saint-Jean-de-Daye le 13 juillet.

1. A Saint-Jean-de-Daye, à 2 000 yards (1 800 mètres) derrière la ligne de front, des obusiers de 105 mm HM2 du *84th Field Artillery Battalion* (l'un des quatre groupes - « *battalions* » - d'artillerie de la *9th Inf. Div.*) installés sous leurs filets de camouflage le long d'une haie, ouvrent le feu sur les positions allemandes. Les artilleurs portent le badge de la division, il est plus facile à distinguer sur la photo suivante.

2. Nous sommes maintenant à l'arrière d'un de ces obusiers de 105 mm alors que la douille est éjectée. Remarquer le badge du tireur. (7414)

3. Les artilleurs de la batterie sortent des emballages les douilles et les obus afin de former des « coups complets » prêts au tir.

4. Le chef de pièce crie dans le téléphone : « Pièce prête ! » (« *Ready on the firing line* »). (7486)

5. Avant d'assembler le coup, l'artificier, un soldat de 1re classe *(Pfc)*, est en train de visser une fusée d'ogive sur l'obus.

(DAVA - collection Heimdal.)

9th ID

4

5

12, 13 et 14 juillet.

1. Le 11 juillet, la *Panzer-Lehr-Division* a lancé une attaque contre la tête de pont américaine de Saint-Fromond. Nous voyons ici deux chars Panther de cette division ; ils appartiennent à la 1re compagnie du Ier bataillon (rattaché au 902e régiment de grenadiers du *Major* Welsch) qui a attaqué à partir des Hauts-Vents, face au CCB de la *3rd Armored Division*. Cette photo a été prise le 13 juillet.

2. Un autre char de la *Panzer-Lehr* appartenant à la 1re compagnie et détruit par un char TD de la *3rd Armored Division*. L'un des tankistes a brûlé en tentant de s'échapper du char en feu. Photo prise le 13 juillet.

1

2

3. Des hommes du *377th Antiaircraft Bn* mettent en œuvre une pièce de DCA (mitrailleuse de 12,7 quadruple) en la dégageant de son filet de camouflage. Ce bataillon de DCA est rattaché à la *4th Infantry Division* et intervient donc en appui dans le secteur de Sainteny en ce 12 juillet 1944. La pièce est montée sur half-track.

4. La pièce ouvre maintenant le feu en soutien de l'infanterie ; ses quatre mitrailleuses ont un pouvoir de feu dévastateur.

5. Le 14 juillet, un char Sherman de la *3rd Armored Division* (CCB) a été touché et incendié il y a trois jours lors des combats contre la *Panzer-Lehr*. Il est remorqué ici par deux tracteurs vers l'aire de dépannage.

(Photos US Army et D.F./Collection Heimdal.)

4th ID

3rd AD

P.L.D.

2

La préparation de Cobra du 15 au 23 juillet

Pour le fantassin américain, ces deux semaines de combat menées dans le bocage du Cotentin, dans la première moitié du mois de juillet, sont démoralisantes. La prise de Saint-Lô le 19 juillet va compléter et terminer l'offensive de la *1st Army* lancée à partir du 2 juillet et qui devait lui permettre d'acquérir une base de départ sur la ligne Lessay/Caumont-l'Eventé, avant de lancer une nouvelle offensive, plus décisive encore.

Mais l'offensive de la *1st Army* du général Bradley, qui a mis en ligne une douzaine de divisions, n'a grignoté que 7 *miles* de terrain (11 kilomètres) environ à l'ouest de la Vire et n'a abouti qu'au repli des Allemands sur une nouvelle ligne. Repli qui a d'ailleurs été effectué en bon ordre le 13 et ne montre pas de signes d'un effondrement rapide du front allemand. Pour gagner cette zone de 11 kilomètres de large, la *1st Army* a perdu 40 000 hommes (tués, blessés, disparus) dont une grande majorité de fantassins (90 % de ces pertes). Des compagnies d'infanterie, à la fin de l'offensive, n'ont plus que les effectifs d'une forte section. Dans son historique du 329e RI de la 83e, l'un des vétérans « survivants », Raymond J. Goguen, écrit : « *We won the battle of Normandy* (but) *considering the high price in American lives, we lost* » (nous avons gagné la Bataille de Normandie mais, en considérant le prix élevé en vies américaines, nous avons perdu. ») Cette guerre des haies étant une guerre cloisonnée menée par des petits groupes de fantassins dirigés par des officiers subalternes qui doivent rester toujours offensifs, les pertes en officiers sont énormes et posent de graves problèmes d'encadrement. Ces problèmes d'encadrement sont aggravés, paradoxalement, par celui des renforts en fantassins qui viennent combler les pertes. Les divisions d'infanterie américaines qui ont combattu au milieu des haies pendant deux semaines, après un « flottement initial » (8e, 90e, 83e DI), se sont aguerries et disposent maintenant d'une excellente expérience. Mais l'arrivée de « bleus », qui vont leur permettre de revenir à l'effectif initial, réintroduit un grand nombre de fantassins inexpérimentés. Il ne faut pas oublier en effet qu'une division motorisée possède une importante logistique et de nombreux techniciens : chauffeurs, intendance, téléphonistes, cuisiniers. Une division d'infanterie américaine qui compte 15 000 hommes et qui a perdu 4 700 hommes en douze jours (la *83rd Inf.Div.*) ou 2 300 hommes en dix jours (la *4th Inf.Div.*) ne compte plus qu'un tiers ou deux tiers (respectivement) de ses forces combattantes si l'on considère que celles-ci ne représentent qu'environ la moitié de l'effectif total, soit environ 7 500 hommes. Cette remarque est aussi valable pour l'armée allemande ; lorsqu'une division blindée comme la « *Panzer-Lehr-Division* » est déjà réduite à la moitié de ses effectifs dès le 10 juillet, cela signifie que son infanterie est réduite à peu de choses et que son maintien sur la ligne de front n'a été possible qu'en « transformant » en fantassins des chauffeurs, des téléphonistes, des secrétaires, des cuisiniers et autres hommes des services ou même des tankistes qui n'ont plus de chars à leur disposition. Paradoxalement, cette terrible hémorragie en combattants dans les deux camps aboutit à des conséquences différentes :

Tombe du *Leutnant* Stöhr (à gauche), chef de section dans la *7./Panzer-Lehr-Regiment 130* (Panzer IV), tué d'un éclat d'obus le 11 juillet 1944 lors de l'attaque sur Saint-Jean-de-Daye. Sa tombe se trouve maintenant au cimetière militaire de Marigny. (Coll. H. Ritgen/Heimdal.)

- Les Américains vont combler les pertes subies par leurs divisions bien souvent à 100 % et ce sont des divisions à effectifs pleins qui seront en ligne lors de la prochaine offensive ; dix jours de pause (du 15 au 25 juillet) permettront la mise en place de ces renforts. Mais cet apport massif de jeunes recrues va amoindrir la valeur militaire chèrement acquise par les unités de première ligne. Ces jeunes recrues seront envoyées rapidement sur un secteur de front où elles n'auront pas l'occasion de connaître leurs chefs et où elles rencontreront très peu de leurs camarades (étant donné le cloisonnement du champ de bataille) ; elles seront un obstacle à la fusion et à la cohésion des unités, à « l'esprit de corps » si déterminant dans leur caractère offensif.

- Les Allemands verront leurs unités de première ligne saignées à blanc, la plupart des divisions seront réduites à la force combative d'un régiment ou même d'un bataillon (les pertes n'auront été compensées qu'à 12 % le 17 juillet - voir plus loin notre paragraphe concernant les pertes allemandes). Mais paradoxalement, alors que les divisions étaient déjà d'un très bon niveau au moment de leur montée en ligne, la résistance déterminée des « survivants » - malgré les pertes effroyables - s'explique par une étroite camaraderie et l'esprit de corps de combattants allemands qui se connaissaient depuis les durs mois d'instruction et qui avaient souffert ensemble de longues semaines sur la ligne de feu. En fait, le grenadier ou le tankiste allemand meurt plus pour ses camarades que « pour le Führer ». Dans les souvenirs de ces combattants reviennent souvent des phrases telles que : « *si je cède, ce sont les camarades du groupe ou de la section d'à-côté qui vont mourir* ». On peut noter aussi qu'une division d'élite comme la division « *Götz von Berlichingen* » a été formée en partie avec des Allemands de Roumanie qui n'avaient donc jamais vécu dans le Reich et subi l'endoctrinement habituel. Les recrues bien souvent de qualité moyenne, non « triées sur le volet », ont été transformées par « l'esprit de corps ». Cet esprit de corps, propre à toutes les unités d'élite (paras, Rangers, blindés, commandos, etc.) transforme bien souvent un homme tout à fait moyen en un combattant d'élite. Outre la « totale solidarité avec les camarades », un autre facteur explique l'âpre ténacité du soldat allemand sur la ligne de front.

La valeur des armes allemandes tient aussi et surtout à la qualité de son encadrement. L'Allemagne a le meilleur corps des officiers (cela remonte d'ailleurs assez loin et c'était déjà le cas en 1914) et un excellent corps de sous-officiers. Le matériel est excellent (surtout en ce qui concerne les chars), supérieur qualitativement mais inférieur quantitativement. Il est servi par des combattants tenaces et habiles ayant une grande expérience. Martin Blumenson note (ouvr. cité p. 177) : *« Les troupes allemandes, à l'exception des "Osttruppen", sont bonnes. Les unités régulières de la Wehrmacht n'étaient pas invincibles mais possédaient un bon pouvoir de résistance tandis que les Waffen-SS et les paras étaient "des troupes d'élite au moral inébranlable qui ne demandaient pas de quartier et il est certain qu'ils n'en accorderaient pas »* (d'après discussion entre Corlett et Gerhardt). Les Allemands ont utilisé le terrain avec habileté, montant des contre-attaques locales avec des réserves locales appuyées de quelques chars, utilisant adroitement les mitrailleuses et les mortiers pour soutenir les points d'appui.

Ainsi, le soldat US est affronté à un ennemi redoutable et à un terrain qui l'est tout autant. Au milieu du bocage, les haies qui l'entourent créent un sentiment d'oppression. Il semble coupé du monde, coupé de l'Amérique, de l'Angleterre, de tout ce qu'il connaît, dans un pays dévasté par la guerre, presqu'arriéré où les routes goudronnées, l'électricité et l'eau courante sont encore bien rares. La plupart des routes se transforment en fondrières fangeuses quand il pleut - et il pleut beaucoup en cet été 1944 - ou en champs de poussière quand le soleil tape. Dans ces conditions, il y a de nombreux cas de « *combat fatigue* » (épuisement, dépression nerveuse due aux conditions de combat). La majorité des hommes qui sont atteints de « *combat fatigue* » passent 24 à 72 heures de repos dans un hôpital de campagne avant d'être envoyés à leurs unités ; les cas les plus graves étant évacués. En plus des blessés, les hôpitaux de campagne auront à traiter 25 à 30 % de cas de « *combat fatigue* ». Mais les pertes les plus nombreuses proviennent des éclats d'obus. Bien que l'artillerie allemande dispose d'un nombre de coups bien inférieur à celui des Alliés (le 10 juillet, sur le front britannique, les Anglais tireront 80 000 obus quand les Allemands n'en auront que 4 500 à tirer), elle sera redoutable et bien ajustée dans le secteur américain. Otto Weidinger (dans son historique de la « *Das Reich* », T. 5, p. 232) note qu'il dispose de 132 tubes d'artillerie pour appuyer sa « *Kampfgruppe* » lors de sa contre-attaque le 8 juillet sur La Haye-du-Puits ; il y a là l'artillerie de la « *Das Reich* » (32 tubes), un groupe de la « *Götz* » (12 tubes) et divers groupes des unités d'infanterie du secteur (7 groupes). Il dispose aussi d'un groupe de lance-fusées de 150 mm *(SS-Werfer-Abt. 2)* ; chaque engin ayant 6 tubes, l'ensemble représente 108 tubes supplémentaires, soit un total de 240 tubes alors engagés contre le *VIII Corps* du *Maj.Gen.* Middleton. Le ciel semble aussi s'être ligué contre l'offensive alliée. C'est le temps le plus pourri que l'on ait connu depuis le début du siècle. La pluie, le plafond bas vont réduire de 50 % l'activité prévue - l'activité effective sera toutefois terrible et dévastatrice pour les forces allemandes. La boue et la pluie empêcheront les hommes de se sécher et de se réchauffer, empêtrés, englués dans ce bocage profond. Le GI ne voit

Ci-dessus : un *SS-Unterscharführer* de la « Götz » probablement du groupe de reconnaissance en opération dans les marais. (Heimdal.)

Ci-dessous : des Sturmgeschütze d'une unité de Waffen-SS, probablement de la « Götz von Berlichingen », à l'ouest de la PLD, traversent une route en profitant de passages à travers les haies. Leur silhouette basse les avantage en défense dans cet épais bocage. (Collection Heimdal.)

L'emblème de la division, le « poing de fer » du chevalier Götz von Berlichingen.

plus le bout de cette aventure et lâche, désabusé : *« We could see the war lasting for twenty years »* (« cette foutue guerre peut durer vingt ans »).

Mais l'armée américaine est assurément la meilleure composante du front allié en Normandie. Elle a souffert de deux points faibles au départ : - le manque d'expérience initial de la plupart des unités (le combattant britannique était en général plus expérimenté), - le manque de motivation idéologique du combattant. Sur ce dernier point, nous avons recueilli l'expérience du lieutenant-colonel Lane, historien des Rangers, et d'un vétéran, le lieutenant Allsup. L'esprit naturellement isolationniste du citoyen américain, l'éloignement de la patrie américaine rendaient difficile la motivation du GI dans cette campagne pour la liberté, même pour le combattant israélite pourtant plus concerné. Une propagande agressive tenta de motiver le combattant américain. En fait, la motivation se fit très vite sur le sol normand ; au premier sang versé, au premier camarade tué. Le GI avait beaucoup à apprendre mais il apprit très vite. La *83rd I.D.*, qui connut un engagement médiocre, s'aguerrit en quelques jours. En deux jours de combats, ses hommes étaient devenus des vétérans. Sans avoir l'expérience des Allemands, le combattant américain avait un courage presqu'équivalent, un courage téméraire qui se lit dans l'importance de ses pertes. Elles sont, à cette date, supérieures de 50 % à celles des Britanniques.

Le GI, derrière son bout de haie, n'a qu'une vue limitée du champ de bataille. Il a en face de lui un adversaire encore redoutable et offensif qui vient de se replier sur une nouvelle ligne de défense et il croit qu'il lui faudra encore deux semaines de combats pour repousser les Allemands sur une nouvelle ligne, une douzaine de kilomètres plus loin et que beaucoup de ses camarades tomberont encore autour de lui, et ainsi de suite. Les lecteurs qui ont dans l'esprit l'image des colonnes blindées américaines victorieuses, avançant en août 1944, imaginent le GI le fusil à la bretelle, avançant facilement. La réalité réside dans les immenses sacrifices consentis par l'infanterie américaine. Comme nous l'avons vu, les divisions américaines sont maintenues à leur effectif théorique par l'injection continuelle de renforts, ce qui cache la terrible réalité. A la fin 44, lorsqu'il sera sur la frontière du Reich, après sept mois de campagne en Europe, le fantassin américain aura eu, statistiquement, beaucoup plus de chances d'être tué ou blessé que de terminer la campagne intact. Il aura été courant de voir des régiments d'infanterie dont les effectifs auront été remplacés à 150 %... La terrible réalité, c'est la pluie, la boue, et la mort au coin de la haie.

Pourtant, il y a une réalité qu'ignore le simple GI et que connaissent les principaux chefs. Bien que les objectifs ne soient que partiellement atteints et que Saint-Lô sera encore sous le feu de l'artillerie allemande le 20 juillet, le *Lt.Gen.* Bradley sait que les Allemands sont épuisés et tiennent encore avec l'énergie du désespoir. Sa tactique a été la bonne. Il a attaqué sur tous les fronts avec tous ses corps d'armée pour sortir du piège des collines de la région de La Haye-du-Puits et des innombrables marais qui découpaient le terrain en isthmes étroits. Il est enfin sorti du piège, du plus mauvais terrain de tout le secteur normand. Et, surtout, par une offensive généralisée, il a usé, saigné à blanc, le front allemand sur toute sa longueur, entraînant l'entrée en ligne de toutes les réserves que les Allemands souhaitaient garder pour parer à une percée du front. La division *« Das Reich »*, rameutée du Sud-Ouest, pour servir de réserve opérationnelle, a été finalement engagée en divers *« Kampfgruppen »* du 7 au 13 juillet *(« KG Weidinger »* à l'ouest et *« KG Wisliceny »* à l'est) avant d'être mise en ligne en totalité. La 5ᵉ division de paras (Wilke) sera démembrée ; son 15ᵉ régiment a été engagé sur le Mont Castre le 5 juillet tandis que le 13ᵉ régiment (commandé par le comte von der Schulenburg) est jeté dans la bataille le 10 juillet dans le secteur des Champs-de-Losque face à la tête de pont de Saint-Fromond. Il ne reste plus à cette division qu'un régiment de chasseurs parachutistes (le 14ᵉ) et son régiment d'artillerie. Il en sera de même pour la *275. Infanterie-Division* (général Schmidt) qui arrive de Saint-Nazaire ; elle avait déjà été amputée d'une unité début juin (la *Kampfgruppe Heintz*), l'un de ses régiments est lancé mi-juillet dans le secteur de Lessay (avec la 91ᵉ). Ainsi, trois divisions puissantes (dont deux d'élite) ont été dissipées pour combler les besoins immédiats. Et, si les pertes américaines sont terribles, celles des Allemands sont dramatiques dans la mesure où elles ne peuvent être compensées. Du 6 juin au 9 juillet, l'ensemble du front allemand de Normandie a perdu :
- 150 *Panzer IV*, 85 chars *Panther*, 15 chars *Tiger* (ce qui fait un total de 250 chars), 167 canons de 75 mm (canons d'assaut et antichars), 30 pièces de 88 mm ; cela représente plus de matériel qu'il n'en faudrait pour équiper une division blindée (d'après OB West KTB du 10/7). Mais les pertes en hommes sont encore plus inquiétantes : du 6 juin au 11 juillet, l'armée allemande a perdu **87 000** hommes en Normandie (dont 2 000 officiers). Les chiffres des pertes données par division sont éloquents :

- plus de 8 000 hommes à la *243. ID*, environ 8 000 hommes à la *352. ID*, plus de 6 000 hommes à la *716. ID*, 4 485 hommes à la *12. SS-Pz.-Div.*, 3 411 hommes à la *21. Panzer-Division* (d'après OB West KTB du 12/7). Les pertes alliées sont presqu'équivalentes puisqu'elles sont de **61 549 hommes** (39 341 Américains pour 22 208 Britanniques) le **10 juillet** et monteront à **96 728 hommes** le **19 juillet** (62 028 Américains pour 34 700 Britanniques). L'augmentation importante des pertes américaines entre le 10 et le 19 juillet s'explique par les sacrifices consentis lors de la prise de Saint-Lô. L'écart important entre les pertes américaines et britanniques montre l'effort supérieur fourni par les Américains et aussi le prix de l'inexpérience qui a pesé lourd. Ce sont, en particulier, les pertes encourues par la tactique du *Lt.Gen.* Bradley consistant à attaquer sur l'ensemble du front (contrairement à celle pratiquée par les généraux Monty et Dempsey en secteur britannique consistant à mener des opérations limitées facilement contrées par la défense allemande). La tactique Bradley aura été la plus payante.

En effet, face aux pertes américaines, les pertes allemandes feront dire au général von Choltitz que la « bataille des haies est un monstrueux bain de sang » (Telecom. au général Max Pemsel de la 7ᵉ Armée le 15 juillet à 23 h 50). Le **17 juillet** les pertes allemandes seront montées à **100 000 hommes** (dont 2 360 officiers). Les pertes des deux camps se suivent puisque celles des Alliés seront équivalentes deux jours plus tard donc, théoriquement, le GI a raison ; on est revenu à la guerre d'usure qui rappelle le premier conflit mondial. En fait, la grande différence réside dans la reconstitution de ces forces. Alors que les Alliés les complètent à 100 % : en raison des difficultés d'acheminement et du manque de recrues, le **12 juillet**, les Allemands n'auront acheminé que 5 210 hommes de remplacement soit 6 % de pertes compensées, 7 500 autres sont en route ou promis ce qui fait 9 % de plus, soit un total de **15 % seulement.**

Le *Lt.Gen.* Bradley le sait. Il sait que le front allemand est fragile. Dès le 10 juillet, son armée émerge du piège des marais : Montgardon et La Haye-

M7 Priest, *Howitwer Motor Carriage*, du *14th Field Artillery Battalion* de la *2d Armored Division*. D'un poids de 22 tonnes, cette pièce d'artillerie de 105 mm est montée sur un châssis de char Sherman. Le *Priest* emporte 57 obus avec une portée maximum de 10 kilomètres. (Peinture de Julio Lopez Cereiro.)

du-Puits sont pris, Sainteny tombera demain, la tête de pont de Saint-Fromond est établie. Dans quelques jours, il aura sa base de départ, de Lessay à Saint-Lô, qui lui permettra de lancer sa grande offensive. L'idée est conçue le 11 juillet. Elle devient le plan de la 1re armée le **13 juillet** (jour du repli allemand !). Elle prendra le nom d'un serpent qui se déplie pour mieux frapper sa proie : **« Cobra »**.

C'est l'idée pour échapper au piège de l'enlisement de la guerre en Normandie. L'idée du « *Breakthrough* » la percée. Pour sortir de la « période statique » plusieurs hypothèses avaient été évoquées : - celle d'une opération amphibie subsidiaire en Bretagne pour prendre Brest et Quiberon, mais il n'y avait que quatre divisions disponibles pour une opération risquée ; - une opération aéroportée mais il n'y avait pas assez d'avions, un bon nombre étant mobilisés pour le futur débarquement en Provence. Fin juin, Monty a décidé que tout le front pivoterait autour de Caumont. Le but de l'offensive est la Bretagne et ses ports. Mais c'est le *Lt.Gen.* Bradley qui a l'idée d'un « *massive blow* » (un coup massif) devant le *VII Corps* qui éventrerait le front allemand et permettrait une percée enveloppant une partie de ce front et les forces qui s'y trouvent.

Le plan « Cobra »

En douze jours, le plan de « Cobra » va être conçu par le général Bradley et exécuté par le général Collins, dont le corps d'armée assurera la tâche principale. Il n'est pour l'instant question que de percer, faire un « *Breakthrough* », de gagner d'un seul coup du terrain beaucoup plus vaste assurant une base de départ encore meilleure pour une seconde poussée vers la Bretagne. Cette opération devrait permettre aussi d'encercler et d'anéantir les forces allemandes qui se trouvent face au *VIII Corps*, en plus de celles qui se trouvent en face du *VII Corps*. Les officiers de renseignements américains, les « *Intelligence Officers* », signalent à Bradley et à Collins que les forces adverses ne comptent plus que 17 000 hommes (soit à peine l'effectif d'une division allemande alors que théoriquement huit à neuf d'entre elles sont représentées sur la ligne de front, ce qui donne une idée de la force de chacune d'entre elles...) et moins de 100 chars. Soit un rapport d'au moins cinq contre un en faveur des Américains ! Pourtant, il est possible que les Allemands, qui sont très rapides à reconstituer des lignes de front en période de crise, puissent arriver à replier une partie de leurs forces. Elles ont trois possibilités successives : - selon une ligne Coutances/Canisy (très improbable, vu le plan) - dans le secteur de Gavray (ce qui sera effectivement tenté), - près d'Avranches (l'offensive de Mortain tentera de reconstituer cette ligne). Mais les rapports des services de renseignements montrent la faiblesse du front allemand et son absence de réserves. Tout ceci est fort juste mais sous-estime, comme d'habitude, l'énergie et la force morale des Allemands pour tenir un front dans les pires conditions. Malgré le but relativement limité du plan (Coutances, Gavray ou Avranches), certains pouvaient rêver à la pénétration large dans le reste de la France, le **« Breakout »** ; pour l'instant il n'est question que du **« Breakthrough »** et le *Lt.Gen.* Collins espère être à Avranches en une semaine.

Pour lancer cette offensive, la *1st Army* dispose maintenant de certains avantages. L'infanterie a gagné une expérience de la lutte contre les chars. Le bazooka a montré au GI qu'il n'est pas démuni contre les monstres d'acier. Le cloisonnement du terrain entraîne des combats à courte portée et enlève un avantage aux chars allemands dont les canons ont une plus longue portée que ceux des chars Sherman. Enfin, dès le 5 juillet, la *79th Inf.Div.* a conçu un modèle de « *hedgecutter* » (coupe-haies), amélioré par le sergent Curtis G. Culin Jr. du *102d Cavalry Reconnaissance Squadron*. Il s'agit de dents ajustées à

Major-General Ira T. Wyche, *79th ID.*

Major-General Maurice Rose, *3rd AD.*

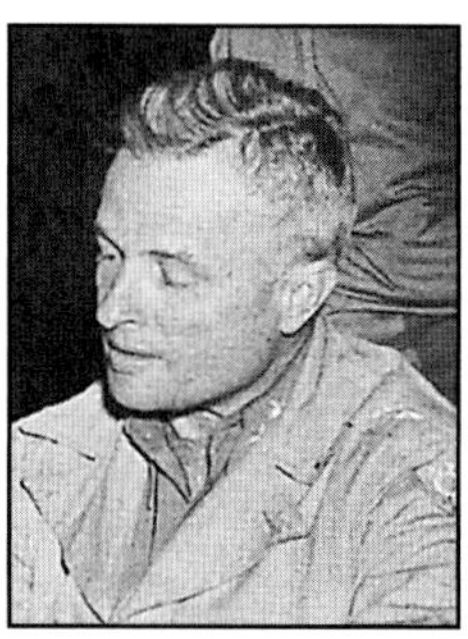

Donald A. Stroh, *8th ID.*.

Major-General Clarence R. Huebner, *1st ID.*

l'avant des chars pour couper les haies. Elles sont fabriquées à partir des obstacles de plages allemands, abondants sur les côtes. Les chars ainsi équipés seront appelés « Rhinoceros », puis tout simplement « Rhinos ». Le *23rd Armored Engineer Bn.* (bataillon du génie de la *3rd Armored Division*, commandé par le lieutenant-colonel Lawrence G. Foster) estimera aussi avoir été l'inventeur du procédé. Au moment où « Cobra » sera lancée, trois chars sur cinq seront équipés de *« hedgecutters »* mais, pour la surprise tactique, le *Lt.Gen.* Bradley interdira leur usage avant l'opération.

Le **paysage**, où l'offensive sera déclenchée, offre un terrain solide, bien différent des zones marécageuses d'où la *1st Army* vient de s'extraire. Mais il reste coupé de haies et présente un relief vallonné. Cependant, un bon réseau de routes quadrille le secteur et va faciliter les opérations. Les routes principales sont à deux voies et bitumées (ce qui est alors assez exceptionnel). Il y a deux grandes routes droites qui sont parallèles au front : - l'axe Saint-Lô/Périers/Lessay qui devait servir de base de départ mais reste en grande partie aux mains des Allemands, - la route Saint-Lô/Coutances. Et il y a des routes nord-sud qui permettront la pénétration en profondeur des unités du *VII Corps* : - l'axe Saint-Gilles/Canisy (à l'est), - l'axe Marigny/Carantilly (plus à l'ouest). Il y a des nœuds routiers importants : Coutances, Marigny, Saint-Gilles, le Mesnil-Herman, Notre-Dame-de-Cenilly.

Les **troupes** américaines disponibles sont maintenant nombreuses. Avant « Cobra », quatre divisions blindées et quatre divisions d'infanterie sont arrivées en renfort. La *1st Army* du général Bradley dispose maintenant de quatre corps d'armée totalisant quinze divisions. L'un des corps, le VIIe du général Collins a été sérieusement renforcé car c'est lui qui portera l'effort principal. Nous avons ainsi, d'ouest en est : - le **VIII Corps** du *Maj.Gen.* Middleton qui vient d'être renforcé par trois divisions (deux blindées et une d'infanterie), il dispose d'ouest en est de la **79th ID** (Wyche), de la **8th ID** (Stroh), de la **90th ID** (Landrum), de la **4th AD** (Wood), de la **83rd ID** (Macon) et d'une division blindée en réserve, la **6th AD**. - Le **VII Corps** du *Maj.Gen.* Collins aligne d'ouest en est les **9th ID** (Eddy), **4th ID** (Barton - sa division vient appuyer les 9e et 30e assez éprouvées par les combats des jours précédents), et **30th ID** (Hobbs) ; la **1st ID** a été détachée du *V Corps* pour venir en appui, sa présence doit rester ignorée jusqu'à l'offensive ; deux divisions blindées, la **3rd AD** *(« Spearhead »)* et la **2d AD** *(« Hell on wheels »)* devront se ruer dans la brèche. - Le **XIX Corps** (Corlett) ne dispose plus que d'une division, la **35th ID**, depuis que la *29th ID* a été retirée exsangue du front de Saint-Lô. - Le **V Corps** (Gerow) ne dispose plus que de deux divisions, les **2d** et **5th ID**, depuis le transfert de la *1st ID*. Les *XIX* et *V Corps* n'auront qu'un rôle secondaire. On remarque que les deux corps de l'ouest disposent chacun de deux divisions blindées. C'est à eux qu'est imparti l'écrasement du front allemand. Mais la brèche se fera devant le *VII Corps* de Collins et c'est là qu'intervient l'aviation, la *« massive blow »* prévu par le *Lt.Gen.* Bradley.

Le **bombardement** doit écraser le front allemand sur un secteur de 7 000 yards de large (6,4 kilomètres) sur 2 500 yards de profondeur (2,3 kilomètres). Cette zone de saturation couvre le secteur au sud de la route Saint-Lô/Lessay où se trouvent les villages de Montreuil-sur-Lozon, la Chapelle-en-Juger, Hébécrevon. Ce bombardement doit **écraser les lignes allemandes** sur tout le secteur de front (où se trouvent les restes de la *Panzer-Lehr-Division* avec 5 000 hommes dont 2 200 combattants et 40 chars, les restes du 13e régiment de paras de la 5e division para et ceux de la *Kampfgruppe Heintz*), briser les **lignes de communications** allemandes, **neutraliser les réserves** des Allemands et **réduire leur volonté de combat** par la terreur. Le général Braddley se rend en Angleterre le **19 juillet** pour en régler tous les points avec les chefs des forces aériennes : l'*Air Chief Marshal* Leigh-Mallory, *« Commander AEAF »*, le *General* Brereton *(9th US Air Force)* et le *General* Quesada *(IX Tactical Air Command)*. Pour écraser le front allemand, le bombardement aura lieu juste devant les lignes américaines. Et, pour éviter les risques d'un bombardement trop court tombant sur des unités américaines, le *Lt.Gen.* Bradley propose de faire reculer ses hommes de 800 yards (730 mètres) une heure avant le bombardement. Le commandement aérien obtient le retrait à 1 200 yards (1 100 mètres). Bradley demande en outre une procédure de vol qui ferait venir les avions de l'ouest, parallèlement au front pour éviter les risques de bombardement sur les lignes américaines. Mais cette demande est rejetée : la force aérienne serait offerte à la DCA allemande depuis la côte ouest du Cotentin et l'arrivée par le « secteur étroit » créerait une congestion. Les bombardiers arriveront donc par le nord.

Tous les bombardiers lourds de la *8th US Air Force* ainsi que les bombardiers moyens et les chasseurs-bombardiers de la *9th US Air Force* seront engagés dans l'opération. Le *General* Quessada du *IX Tactical Air Command* coordonnera l'attaque aérienne avec les troupes au sol. Le planning est le suivant :

- 1 800 bombardiers lourds écrasent la zone de saturation pendant une heure sous un tapis de bombes, 80 minutes avant l'attaque ;

- 350 chasseurs-bombardiers interviennent au moment de l'attaque en mitraillant et bombardant une bande plus étroite pendant vingt minutes ; - 10 minutes après, 396 bombardiers moyens arrosent la moitié sud de la zone pendant quarante-cinq minutes ; - pendant toute l'opération, 500 chasseurs couvriront cette armada aérienne. Il y aura là un total de **plus de 3 000 avions** engagés ! Une heure après, interviendront en plus les chasseurs-bombardiers de la *IX TAC* et les Typhons de la RAF pour appuyer l'offensive, « Cobra » qui sera lancée dès que le temps le permettra, à partir du 23 juillet.

L'attaque terrestre verra d'abord s'élancer l'infanterie du *VII Corps*. D'ouest en est, la **9th Inf. Div.** dévale sur Montreuil-sur-Lozon puis Marigny avant de passer le relais à la **1st Inf. Div.** dans cette direction. La **4th Inf. Div.** passe la Chapelle-en-Juger en direction de Carantilly, la **30th Inf. Div.** descend par Hébécrevon, Saint-Gilles, Canisy, le Mesnil-Herman pour couvrir le flanc gauche de l'offensive face à toute contre-attaque allemande pouvant venir de la rive est de la Vire. En fait : la *4th Inf. Div.* sera au centre avec le flanc droit couvert par la *9th Inf. Div.* et le flanc gauche couvert par la *30th Inf. Div.*. La *1st Inf. Div.* motorisée foncera vers Coutances de concert avec le CCB de la *3rd Arm. Div.*. Les bombes utilisées seront des bombes légères pour éviter les trous de bombes lourdes créant des cratères préjudiciables à l'avance des véhicules (comme cela fut le cas lors du bombardement qui précéda la prise de Caen les 8 et 9 juillet). L'infanterie devra ouvrir la brèche après le bombardement, nettoyer le terrain et permettre aux chars des **3rd Arm. Div.** et **2d Arm. Div.** d'arriver pour se ruer dans une trouée grande ouverte. Les deux divisions blindées avanceront en « coup de faux » vers le sud-ouest (Tessy-sur-Vire), le sud (Villebaudon), le sud-ouest (Hambye d'une part et Lengronne/Cérences d'autre part). **Plus à l'ouest**, la **3rd Arm. Div.** avancera vers l'ouest suivant deux axes parallèles, celui du sud sur Hyenville (le CCA), celui du nord sur Coutances (le CCB). Le **VIII Corps** devra

Le canon de 150 mm est ici monté sur un châssis de char ce qui permet de le mettre en œuvre rapidement. Ce *M12* équipe ici le *991/987th Field Artillery Battalion*. Outre l'aviation, la puissante artillerie américaine jouera un rôle important dans le succès de l'opération. (Peinture de Julio Lopez Caeiro.)

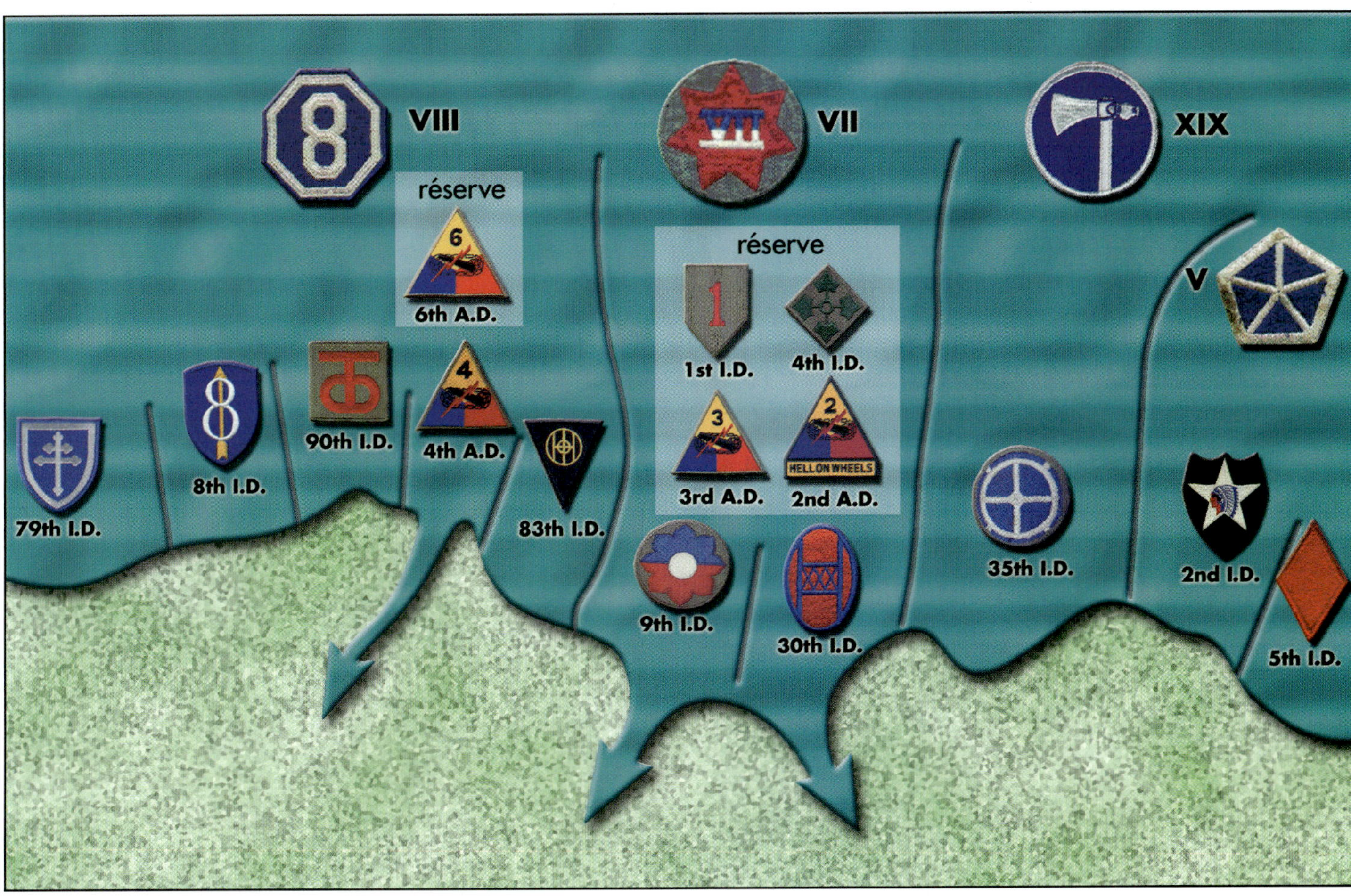

Ce schéma nous montre la disposition des unités américaines peu avant l'offensive. Nous voyons ici le rôle capital dévolu au *VII Corps* avec deux divisions d'infanterie appuyées respectivement par deux divisions blindées, la 3e et la 2e et deux divisions d'infanterie de réserve, la 1re et la 4e. A l'ouest, l'autre branche de la future pince est constituée de quatre divisions d'infanterie, les 79e, 8e, 90e et 83e avec une division blindée pour la pénétration, la 4e et une autre de réserve, la 6e. (Carte Heimdal.)

se mettre en marche à l'aube du troisième jour et dévaler sur Coutances avec deux divisions blindées, la **6th Arm. Div.** le long de la côte et la **4th Arm. Div.** directement sur Coutances.

En outre, des bombardements destinés à détruire les ponts de la Vire, à l'est, et en dessous d'une ligne Cérences/Villebaudon, au sud, doivent isoler le champ de bataille afin d'éviter l'arrivée de renforts allemands. Dans le secteur du *VII Corps*, outre l'artillerie divisionnaire, le corps engage d'importants moyens en artillerie : 9 groupes lourds, 5 moyens et 7 légers, soit 258 pièces dotées de 140 000 coups.

Dans la perspective d'une exploitation possible de cette percée, l'état-major de la **3rd Army** du *Lt. Gen.* Patton va se rassembler dans le nord du Cotentin. Le **22 juillet**, son échelon avancé se trouve déjà autour de Valognes. La présence de Patton quelques jours avant le lancement de « Cobra » jouera dans certains aménagements du plan. Patton et Bradley se connaissent bien depuis l'Afrique-du-Nord. « L'audace » de « Cobra » est un peu une signature de Patton dans le plan du *Lt.Gen.* Bradley. Dans ce plan génial, les Américains reprennent à leur compte les principes allemands du « Blitzkrieg » : - écraser la zone d'attaque sur un front étroit grâce à l'intervention de l'aviation, - nettoyer et tenir la brèche créée avec l'infanterie, - lancer alors les forces blindées, - foncer profondément dans le territoire adverse, - effectuer un large mouvement tournant afin d'envelopper et capturer les forces adverses qui auront été dépassées avant qu'elles aient eu le temps de se replier sur de nouvelles lignes de défense, - continuer d'exploiter l'avantage en profondeur avant que l'adversaire ait pu se ressaisir. Et il y a un maître mot dans cette guerre-éclair : *la vitesse.* C'est sur ce point que le général Fritz Guderian, le grand instigateur de ce type de guerre moderne, insistait toujours. Cette leçon, Patton « le fonceur » ne l'aura pas oubliée. De plus, les Américains disposent ici d'énormes moyens aériens. Le général Fritz Bayerlein, le chef de la « *Panzer-Lehr-Division* », témoin et victime de ce bombardement gigantesque dira : « *Qu'aurions-nous pu faire si nous avions pu disposer de tels moyens rien qu'une fois* ».

Saint-Germain-sur-Sèves et La Varde

Toutefois, une petite ombre assombrit ce tableau avant le lancement de l'opération. Si le *Lt.Gen.* Bradley a réussi à aligner à peu près la moitié orientale de son front à proximité de la route nationale 800. Le *VIII Corps* est par contre en retard sur ses objectifs : Lessay et Périers ne sont pas encore pris et Saint-Germain-sur-Sèves et La Varde constituent deux saillants allemands subsistants dans le front américain. Il donne l'ordre de les réduire.

La Varde est un petit hameau à un kilomètre au nord de Marchésieux. Ce hameau est sur une langue de terre qui s'avance comme une étrave entre deux vallées marécageuses : celle de la Taute et celle du Lozon. Les restes de régiments de grenadiers SS (sous les ordres du lieutenant-colonel Fick) de la division « *Götz von Berlichingen* » tiennent le secteur. Il y a là les *Kampfgruppen* **Ertl**, **Lorenz**, **Ullrich** et **Hoffmann** puis les pionniers du bataillon du génie du *SS-Stubaf.* Kurt Fleischer. Ces unités exsangues représentent, dans le secteur de La Varde, l'effectif d'une grosse compagnie renforcée par des canons d'assaut. Le **18 juillet**, en fin d'après-midi, le *Maj.Gen.* Macon, chef de la **83rd Inf. Div.**, ordonne une offensive sur La Varde. Vers 18 heures (heure anglaise), le 329ᵉ RI du colonel Crabill lance une attaque de diversion. L'attaque principale sera menée par le **331ᵉ** du colonel York et les hommes du génie profiteront

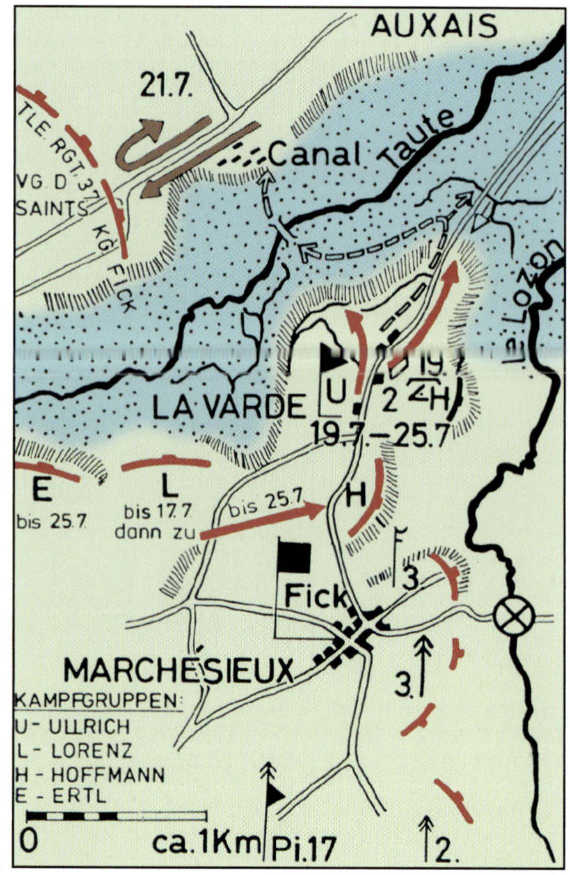

1

de l'obscurité pour rétablir le pont détruit sur la Taute à la faveur de la nuit. Après avoir traversé la vallée inondée, le bataillon d'assaut (le 3ᵉ) du colonel York a établi une tête de pont à La Varde à la tombée de la nuit mais les armes de ses hommes, boueuses et trempées, sont rendues inutilisables. Le lendemain matin, à la faveur de la brume, le 19, un renfort parvient à passer sous un feu de mitrailleuses allemandes trop léger pour bloquer les hommes du *331st Inf. Rgt.*. Les hommes du génie ont lancé un pont Bailey dans la nuit et les chars vont pouvoir venir appuyer cette tête de pont. Mais les charges de destruction avaient été placées sur ce pont du génie et, par un hasard malheureux, un obus allemand va les toucher, le pont métallique explose. Du côté allemand, la *KG Lorenz* est trop faible pour tenter une contre-attaque. Celle-ci sera lancée par la *KG Ullrich* appuyée de deux canons d'assaut. Les soldats américains avaient réussi à amener deux canons antichars lesquels détruisent le premier canon d'assaut allemand ; endommagé, celui-ci se range sur le côté droit de la route pour laisser le passage au deuxième. Il atteint la partie nord de la route et ouvre le feu sur la chaussée qui court au milieu de la vallée. Les soldats américains avaient réussi à amener deux canons antichars lesquels détruisent le premier des canons d'assaut d'allemands ; endommagé, celui-ci se range sur le côté droit de la route pour laisser le passage au deuxième. Il atteint la partie nord de la route et ouvre le feu sur la chaussée qui court au milieu de la vallée. Les soldats américains du colonel York ont déjà eu 50 % de pertes, un commandant de bataillon est porté disparu. Les survivants du *331st Inf. Rgt.* décrochent dans l'après-midi à travers la vallée inondée de la Taute en subissant de lourdes pertes. Comme le note Martin Blumenson (ouvr. cit., p. 201), cet échec à La Varde est dû à la malchance mais aussi aux problèmes posés par les nouvelles recrues (la *83rd Inf. Div.* est en effet l'une des divisions qui a eu le plus de pertes, donc le plus

1. S'avançant comme une étrave entre les vallées marécageuses de la Taute et du Lozon, le secteur de La Varde constituera un saillant dans le front américain jusqu'à la veille de l'offensive. Il est tenu par deux *Kampfgruppen* de la « Götz », les KG Ullrich et Hoffmann qui repousseront le 19 juillet les hommes du 331ᵉ du colonel York avec de lourdes pertes. Il est appuyé sur sa droite par le bataillon du Génie de la « Götz » *(Pi. 17)* avec ses 3ᵉ et 2ᵉ compagnies et, sur sa gauche, par la *KG Lorenz* et la *KG ErH*. Plus à gauche, des éléments de la *KG Fick* repoussent une attaque le 21. (Heimdal d'après un document allemand.)

2. Le ruisseau de la Sèves de nos jours. (EG./Heimdal.)

de « *remplacements* »). Le colonel York dit : « *Nous avons des hommes neufs qui sont vraiment neufs, ils ne connaissent pas leurs officiers et les officiers ne connaissent pas leurs hommes.* »

Le point défensif de **Saint-Germain-sur-Sèves** posera les mêmes problèmes. Il s'agit d'un îlot isolé au milieu d'un terrain plat et marécageux, défendu par les restes d'un bataillon allemand appuyés par des canons d'assaut et véhicules chenillés de la « *Das Reich* ». L'attaque doit être menée par le **358th Inf. Rgt.** (Lt.Col. Christian E. Clarke, Jr) de la **90th Inf. Div.** (*Maj.Gen.* Landrum), qui lancera deux bataillons avançant chacun sur l'une des deux routes menant à « l'îlot ». Les hommes du génie devront là aussi construire un pont métallique dès qu'une tête de pont sera installée. L'attaque prévue le 18 est repoussée **à l'aube du 22 juillet**. Le manque de visibilité empêche l'intervention des chasseurs-bombardies. Les hommes du 358ᵉ s'élancent, avec un faible soutien, sur un terrain plat offert aux observateurs allemands (le secteur est tenu par des paras du 6ᵉ régiment et des hommes de la « *Das Reich* ») qui ont devant eux un champ de tir idéal. L'un des bataillons d'assaut perd 50 % de ses effectifs en traversant les marais, en passant la rivière à gué et en atteignant « l'îlot » où il établit une tête de pont. L'autre bataillon sous les coups de l'artillerie et des mortiers, les feux croisés des mitrailleuses venant des positions allemandes, n'arrive pas à suivre. A la tombée de la nuit, il n'y aura que 400 hommes du premier bataillon (soit la moitié de l'effectif de celui-ci) sans appui de mortiers et de chars qui resteront accrochés sur une portion de « l'îlot » dans le secteur du Closet. La peur alliée à la fatigue dans cette nuit profonde, sur ce bout de terre en bordure du marais et face à l'ennemi, démoralise une partie des hommes. Certains décrochent sans ordre pour rejoindre les lignes. Le chef de bataillon resté à l'arrière se perd dans la nuit du marais en tentant de joindre les positions avancées de son bataillon. Mais la tête de pont américaine a une largeur de deux kilomètres sur un kilomètre de profondeur. Cette situation inquiète Otto Weidinger chef de « *Der Führer* » de la division « *Das Reich* » (qui tient le secteur sur la gauche des paras du 6ᵉ régiment) le troisième bataillon *(III./DF)*, commandé par le capitaine Werner, est envoyé en contre-attaque à 21 h 30 soutenu par des chars du *SS-Pz.-Rgt. 2* « *DR* ». Sans commandement, devant ce violent assaut blindé, peu de soldats américains résisteront, la plupart, pris de panique, décrochent en catastrophe sous le feu ennemi. A 22 h 30, tout est fini, les Allemands ont repris leurs positions et annoncent la capture de 308 GI's qui se sont rendus. A l'aube du 23 juillet, le commandement de la *90th*

Ci-dessus : paras du *FJR6* dans le secteur de la Sèves. (VG/Heimdal.)

2

L'*Oberfeldwebel* Alexander Uhlig, commande la *16/6*. Il sera décoré du RK le 29 octobre 1944 pour son action sur la Sèves.

A 6h du matin, le **22 juillet** commence le tir de surprise sur la position de la *11.Kp.* du *F.J.R.6* qui défend le secteur au nord de St-Germain-sur-Sèves. Deux bataillons du *358th Infantry Regiment* de la *90th Infantry Division* avancent sur la route au-delà de la rivière, avec l'appui de pionniers d'assaut et de chars. Les Américains parviennent à repousser les détachements avancés de la *11. Kp* et à constituer une tête de pont sur le passage. Les pionniers préparent le pont pour une attaque de chars.

Le *Major* von der Heydte juge que la poussée américaine doit être assainie. En raison des pertes élevées des semaines passées, une partie du *Régiment* seulement est en effet à disposition pour cela : la *16. Kp*, autrefois section de combat régimentaire, sous le commandement de l'*Oberfeldwebel* Uhlig, est prévue pour des opérations spéciales ; c'est pourquoi elle se trouve à proximité immédiate du P.C. régimentaire en état d'alerte permanente.

Alexander Uhlig se souvient : « *L'action "Sèves Island" commence pour moi le 22 juillet, dans la matinée par une discussion pour laquelle le* Kommandeur *du régiment m'a fait appeler. Il m'informe que, pendant la dernière nuit ou au petit matin, l'ennemi a pénétré dans notre ligne principale de résistance dans le secteur du* III./F.J.R.6. *A ma question sur l'effectif de l'ennemi, on ne peut trouver aucune réponse à cette heure. Le* Kommandeur *espère toutefois qu'il ne s'agit que d'une patrouille de combat que je peux repousser avec la 16./6, effectif 5 (sous-officiers), 27 hommes. J'obtiens une totale liberté d'agir, le droit de mettre à mes ordres des soldats d'autres* Kompanien *et la mission de refouler les Américains au-delà de la Sèves pour rétablir ainsi l'ancienne ligne principale de résistance. Si possible, je devrai ramener avec moi deux ou trois prisonniers, par l'intermédiaire desquels le* Régiment *voudrait avoir des détails sur leur unité et l'effectif de celle-ci.*

Je reviens à la Kompanie, *la mets au courant de la mission opérationnelle et part en marche à pied en direction du terrain d'opération. Nous n'emportons avec nous que des armes légères (fusils, pistolets, M.P. et grenades à fusil) et nous sommes très bien équipés pour le combat rapproché auquel il faut s'attendre. A cause des avions de combat ennemis qui dominent l'espace aérien, nous ne progressons que lentement. Vers 13 h, la* Kompanie *est bombardée par des obus dans un chemin creux au nord-est de Remeurge. Lors de ce tir, trois hommes et un* Oberjäger *sont blessés. Deux hommes les ramènent au poste de secours qui se trouve tout proche. Je fais mettre à l'abri l'unité largement étirée et, avec le* Gefreiter *Ahjbrecht (premier agent de liaison de la* Kp.*), je vais reconnaître le terrain devant nous.*

Le terrain au nord de la route de Sèves à St-Germain est occupé par l'ennemi sur une largeur d'environ 800 m. A l'est de Closet, je tombe sur une position-verrou de la 9./6. Entre les deux positions, l'ensemble de notre ligne principale de résistance est entre les mains des Américains. A ce sujet, il ne s'agit malheureusement pas d'une patrouille de combat mais d'une unité avec certainement plus de 300 hommes. Avec mon petit effectif, une attaque frontale contre cet ennemi, largement supérieur en nombre, apparaît peu prometteuse. C'est pourquoi je me décide à attaquer sur le flanc de l'adversaire à l'aile où sa profondeur de pénétration est la plus faible ; c'est son flanc droit près de Sèves. Sans être repérée, la Kompanie *rampe et se traîne derrière haies et levées de terre vers Sèves, le long de la poche américaine. Là, je mets à mes ordres des éléments de la* 6./6 *et, vers 18 h, je commence l'attaque de flanc pour surprendre l'ennemi qui avait certainement tablé sur une autre direction d'attaque. En l'espace de trois heures, l'ennemi est repoussé d'environ 350 m par des combats rapprochés opiniâtres et il perd presque ainsi la moitié de sa largeur de pénétration d'origine.*

Lors de ce combat, aucune perte n'intervient dans la 6./6. *Des éraflures légères sont immédiatement soignées par l'infirmier ; les hommes restent volontairement en opération. Après le retour des deux brancardiers, la* Kompanie *a, à ce moment, un effectif de 4 sous-officiers et 24 hommes. Du côté américain, quelques soldats sont tués. Jusqu'à présent, des prisonniers n'ont pu être ramenés par nos hommes. A la tombée de la nuit, nous cessons les opérations militaires.*

Par la suite, des travaux de retranchement sont perceptibles chez l'ennemi. Il s'installe très vraisemblablement sur la défensive contre une autre attaque allemande dans la même direction comme jusqu'ici le lendemain matin.

Cela me donne l'idée de le surprendre de nouveau par là. Je ne m'attaque pas ainsi contre sa position défensive se trouvant en préparation, mais par le flanc qu'il vient de se reconstituer. Pour cela, j'ai besoin absolument de renfort. D'abord je parle avec le commandant d'un char du SS-Panzer-Regiment *(certainement du* SS-Panzer-Regiment 2DR, NdT) *qui a été envoyé vers Sèves, dans la soirée, pour nous appuyer. Il me promet d'appuyer mon attaque demain matin avec deux* Panzer *de son unité. Je vais ensuite voir le* Kommandeur *du* II./6, *le* Hauptmann *Mager ; il ne peut m'accorder aucun renfort. Je me rends, après cela, au P.C. du* III./6 *et parle avec le* Hauptmann *Trebes. Il met à mes ordres un groupe équipé de 2 s.M.G, effectif : 1 sous-officier, 15 hommes qui lui avait été acheminé comme réserve. Etant donné que les hommes ne possèdent que peu d'expérience du front, je ne veux pas les engager pour attaquer demain mais, cependant, je peux très bien les employer.*

Comme le bas-fond de la Sèves doit être absolument bloqué pour mon plan et, pour cela des s.M.G. conviennent tout à fait remarquablement avec cadence de tir de 1 300 coups par minute, je fais mettre le groupe en position dans un chemin creux au nord-est de la Sèves. De cette position, les hommes peuvent avoir une vue d'ensemble sur le bas-fond de la Sèves et ont un champ de tir totalement dégagé. Il est ainsi possible de barrer presque totalement le chemin à l'ennemi qui suivrait ou qui se replierait. Mon ordre au groupe : aménagement et camouflage de la position de s.M.G. pendant les heures restantes de la nuit, pas d'autorisation de tir lors de mon attaque matinale (silence-M.G.), feu à volonté seulement quand l'ennemi avancera ou se repliera.

Le 23 juillet, à 7 h 30, règne un calme absolu. Etant donné que des nuages bas s'approchent, les avions de combat ennemis ne peuvent pas intervenir. Trois Panzer *attendent sur la route vers St-Germain à la sortie de Sèves. La 16./6 se trouve prête à faire mouvement face aux Américains dans l'ancienne position. A chaque* Panzer *est affecté un groupe formé d'un* Oberjäger *et de six hommes. A 8 h exactement l'attaque doit commencer ; un matraquage de toutes les armes depuis la route en direction nord-ouest. Les* Panzer *doivent ensuite avancer, les groupes qui leur sont affectés suivent. Les* Panzerkommandants *refusent cela sans qu'on s'y attende ! Le terrain, sans visibilité, leur offre trop de sécurité pour cette manière d'attaquer, face aux détachements de destruction*

1. Chemin creux de Remeurge.

2. Ferme Closet.

de chars ennemis. Je modifie et ordonne aux trois groupes d'attaquer devant les chars. Peu avant 8 h, les Panzer avancent, les hommes sautent hors de leur position vers ces derniers. Le matraquage commence et soudain, presque à la minute exacte, l'artillerie américaine commence un violent tir de barrage sur les étendues qui se trouvent derrière nous.

Ce tir est lentement raccourci sur notre base de départ et se rapproche de plus en plus près de nous. Nous sommes pour ainsi dire contraints à attaquer !

Avec ce bruit d'enfer, nos adversaires ont disparu dans leurs trous de protection. Nous pouvons ainsi nous élancer vers l'avant et nous pouvons de cette manière nous soustraire au tir d'artillerie. Pas de veine : le Panzer de gauche tombe en panne à cause d'une avarie technique, dès le début de l'action ; celui de droite ne peut plus avancer du fait d'un toit qui s'écroule dans la ferme Closet. Malgré cela, nous progressons. L'ennemi n'a sûrement pas décelé notre infériorité numérique, car les premiers soldats américains se rendent, d'autres tentent de se replier à travers le bas-fond de la Sèves. A cet instant, les M.G restés silencieux ouvrent le feu et leur coupent la retraite. Nous concentrons l'ennemi dans un chemin creux à la bordure sud-est du bas-fond de la Sèves et nous commençons la capture.

Les prisonniers doivent déposer leurs armes et sont mis en marche par groupe de 20 à 25 avec l'un de mes hommes vers le P.C. régimentaire. Après avoir constaté qu'il ne me reste que quelques hommes, je comprends que nous avons dû faire plus de 200 prisonniers. Vers 11 h, le combat est terminé avec succès. J'occupe la ligne principale de résistance reprise avec le groupe au s.M.G mis à mes ordres et avec des soldats dispersés d'autres unités. Je reviens ensuite avec le reste de la 16./6 au P.C. régimentaire : ici je rends compte au Kommandeur *de la mission remplie. Il m'exprime sa reconnaissance. Dans le grand vestibule de la ferme, sont rassemblés 11 officiers américains auxquels on vient de servir une tasse de thé. Je leur suis présenté comme le chef de toute l'attaque par le* Kommandeur. *Le dernier combat couronné de succès d'une unité de la* 7. Armee *en Normandie est achevé. A cette occasion, ce ne sont pas 2 à 3 prisonniers souhaités par le* Kommandeur, *mais exactement 234.*

Au matin du 24 juillet, j'apprends et de façon confidentielle par Heinz Gabbey, le Hauptfeldwebel *de l'état-major régimentaire, que le* Kommandeur *avait déposé une demande pour moi afin de recevoir le* R.K.

Il me sera décerné le 29 octobre 1944. » (extrait des Lions de Carentan).

Inf.Div. tire le bilan de cet échec : 100 tués, 500 blessés, 200 prisonniers (le chiffre allemand est plus précis, il doit être exact, le nombre des blessés n'est probablement que de 400 hommes). Les raisons de l'échec : le temps couvert, le terrain, un ennemi habile et une lacune dans le commandement, et surtout de jeunes recrues qui n'ont pas encore une instruction suffisante. Ces deux échecs ne permettent pas d'aligner l'aile gauche du *VIII Corps* sur la ligne de départ prévue pour « Cobra ». Cela obligera le *Lt.Gen.* Bradley à porter une légère modification au plan. Alors qu'il avait prévu l'intervention du *VII Corps* quelques heures seulement après le lancement, le 24 juillet, de l'attaque du *VII Corps* du *Maj.Gen.* Collins, le *VIII Corps* du *Maj.Gen.* Middleton, comme nous l'avons vu en étudiant le plan « Cobra » n'attaquera finalement qu'à l'aube du troisième jour de l'offensive. Dans le secteur du *VII Corps*, la *Kampfgruppe Wisliceny* tenait aussi un saillant enfoncé dans le front américain autour du château d'Esglandes ; il a été finalement réduit le 18 juillet.

Le chemin creux où eut lieu la capture des Américains.

L'échec de « Goodwood »

Peu avant le lancement de « Cobra », une grande offensive britannique était lancée à l'est du front de Normandie pour fixer l'attention des Allemands et éviter qu'ils envoient des renforts dans le secteur américain, facilitant ainsi l'offensive du *Lt.Gen.* Bradley. Mais, le *General* Montgomery pensa finalement que *« Goodwood »* ne serait pas uniquement une attaque de diversion mais aussi une percée réelle dans le front allemand. Montgomery demanda lui aussi de gros moyens aériens et le général Eisenhower se montra enthousiaste à cette idée (cf. M. Blumenson, *op. cit.*, p. 190). Il est certain que si le front allemand de Normandie avait été percé en deux endroits - à l'est de Caen et à l'ouest de Saint-Lô - la victoire alliée n'en aurait été que plus rapide et décisive. *« Goodwood »*, l'attaque de la Seconde Armée britannique, est lancée le 18 juillet. Les divisions blindées britanniques (*« Guards », 7th Arm. Div., 11th Arm. Div.)* foncent vers une défense allemande établie en profondeur, offrant de superbes cibles aux canons de 88 mm du *III. Flak-Korps.* Le premier jour, 270 chars et 1 500 hommes restent sur le terrain. Lorsque cette sanglante offensive est finalement arrêtée le 21 juillet, l'armée britannique du *Lt.Gen.* Dempsey a perdu 3 600 hommes et 469 chars ! Ces énormes pertes en blindés représentent 36 % de tous les chars britanniques disponibles sur le Continent, pour un faible gain de terrain. Deux autres offensives aussi coûteuses, et l'armée britannique n'aurait plus un seul char. A l'annonce de ce désastre, Eisenhower est furieux et soumet à Winston Churchill un ordre afin de limoger le *General* Montgomery ; ce dernier se sort de ce mauvais pas. Il est certain que Montgomery, généralement « trop prudent » (ce qui soulevait le mécontentement de l'opinion et du commandement américains), lança quelques offensives trop téméraires - *« Goodwood »* en est une, *« Market-Garden »* en saura une autre. Le *Lt.Gen.* Bradley ne commettra pas la même erreur pour *« Cobra »* ; avant de lancer ses précieux chars dans un piège possible, il fera nettoyer le terrain par son infanterie. Après cet échec à l'est du front de Normandie, plus que jamais, le sort de la bataille va reposer sur le succès de *« Cobra »* et de la *1st Army*.

En ce **23 juillet**, von Kluge a proposé à Hitler un retrait général des forces allemandes à l'Ouest lequel a finalement accepté. Mais il est trop tard. Dès demain, un ouragan de feu va s'abattre sur le front allemand à l'ouest de Saint-Lô. Les avions qui ont appuyé *« Goodwood »* sont maintenant disponibles pour *« Cobra »*.

Le « L » blanc est l'emblème de la *Panzer-Lehr-Division* peint sur ses véhicules. (Heimdal.)

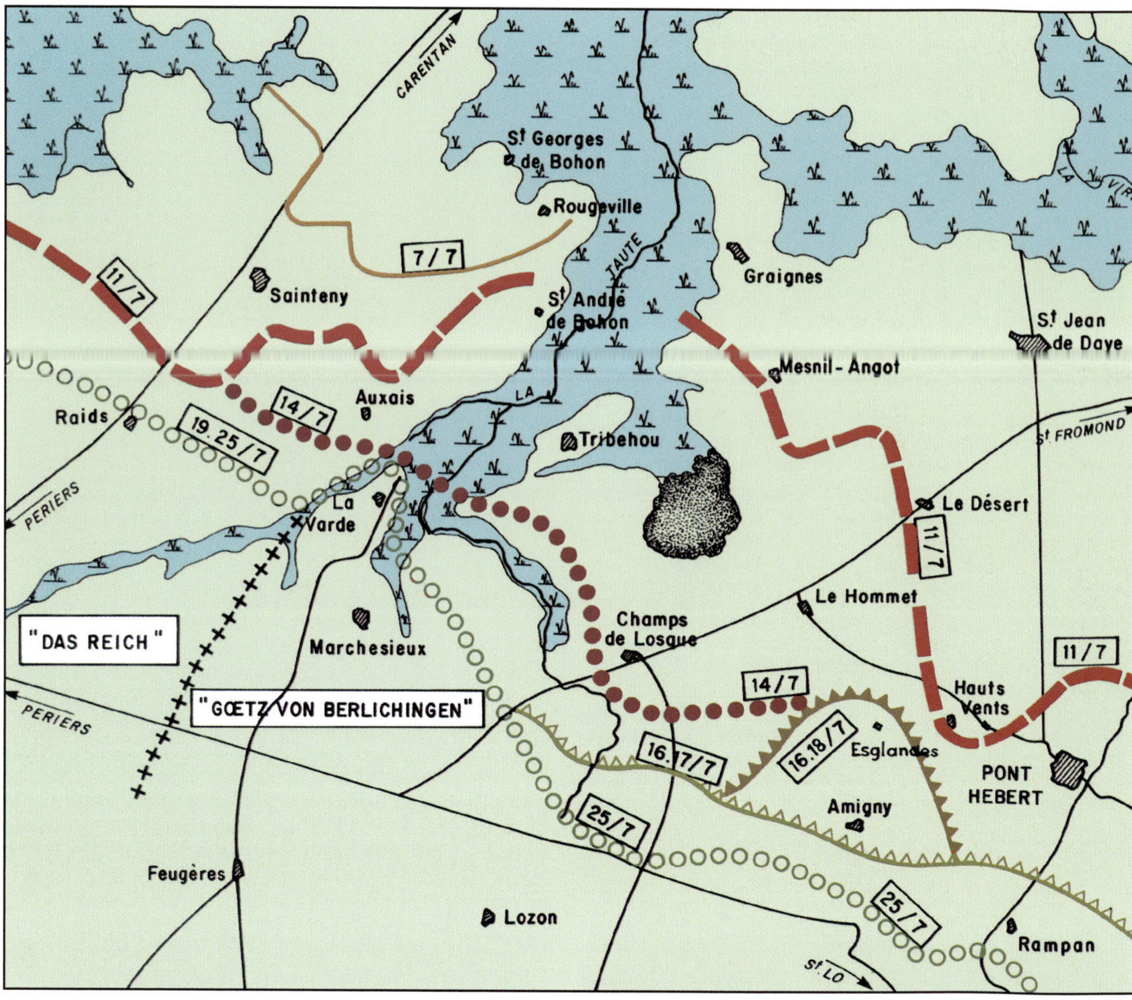

1

2

3

1. Cette carte nous montre les décrochages successifs des positions allemandes sous les attaques américaines qui doivent disposer d'une base de départ suffisamment dégagée de la zone des marais et se trouvant à proximité de la route Saint-Lô/Périers. Un premier décrochage a lieu le 13 juillet au sud d'Auxais, des Champs de Losque et de Pont-Hébert. Le 16 juillet, le secteur d'Esglandes forme un saillant tenu par la *KG Wisliceny*. Le 25 juillet subsistera encore le saillant de La Varde tenu par la « Götz ». (Carte Heimdal.)

2. Le SPW 251 de l'officier-adjoint du *II./902*, l'*Oberleutnant* H.H. Dibern, brûle, victime des Jabos en juillet 1944 dans le secteur. C'est le quatrième véhicule depuis le 6 juin ! Les affaires personnelles du lieutenant Dibbern sont ainsi perdues pour la quatrième fois. (H.H.D./Heimdal.)

3. L'*Oberst* Paul Freiherr (baron) von Hauser, commande le *Pz.Gren.Lehr-Rgt. 901* à partir du 19 juillet, succédant à l'*Oberst* Scholze. Croix de chevalier le 26 décembre 1944, feuilles de chêne (635e) le 28 octobre 1944. (H. Ritgen/Heimdal.)

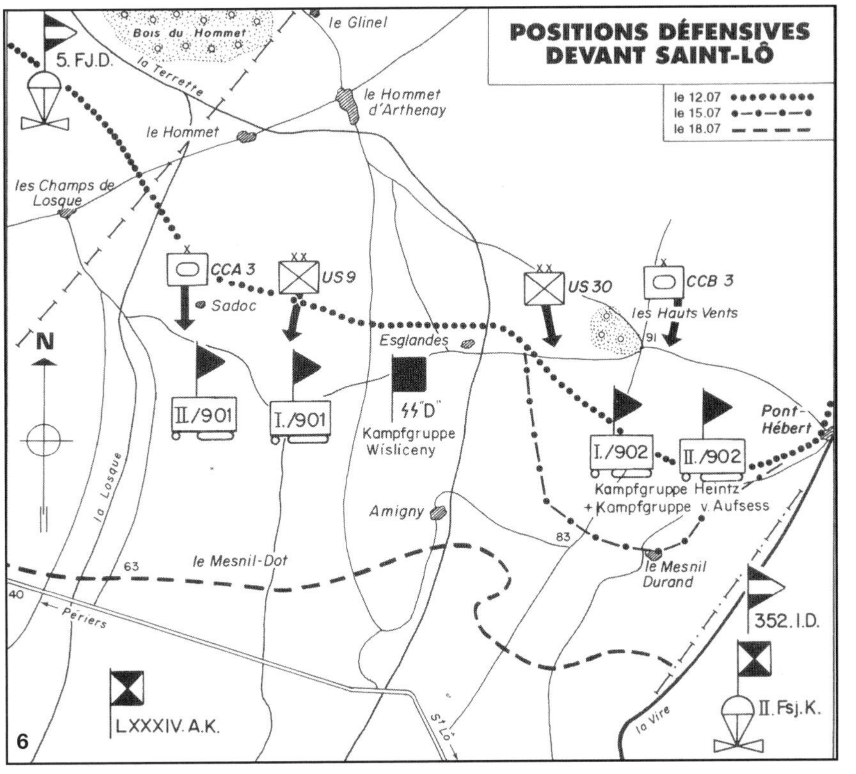

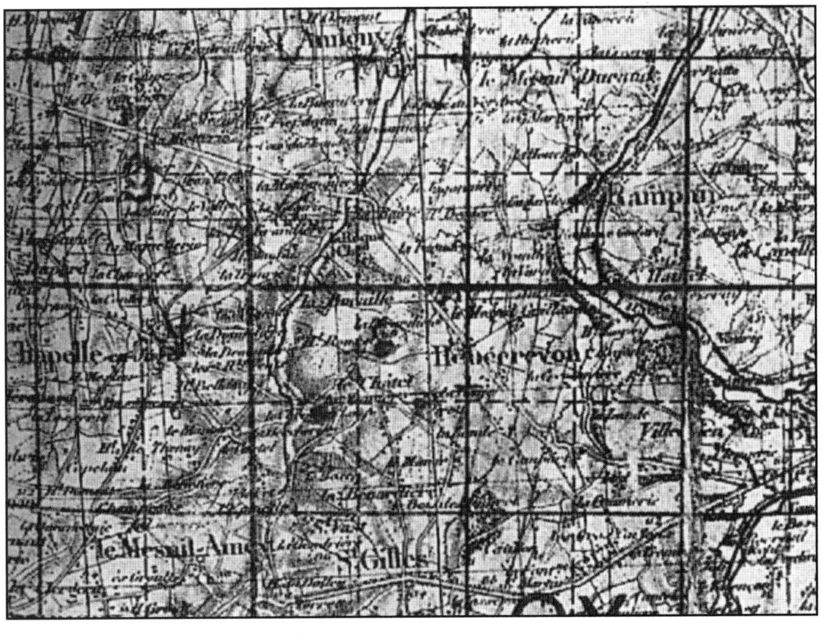

7

4. Le *Generalleutnant* Fritz Bayerlein commande la *Panzer-Lehr-Division* ; les glaives à sa Croix de chevalier avec feuilles de chêne lui sont attribuées le 20 juillet 1944, quelques jours avant le tapis de bombes qui va s'abattre sur les restes de sa division. (HR/Heimdal.)

5. Le *Hauptmann* Böhm commande le *II./902*. (H. Ritgen/Heimdal.)

6. Situation du front entre le 12 et le 18 juillet dans ce qui sera le principal secteur de l'attaque américaine. De droite à gauche : le *Panzergrenadier-Lehr-Regiment 901*, alors appelé *Kampfgruppe 901* à cause des pertes subies, la *Kampfgruppe Wisliceny (Das Reich),* le *Panzergrenadier-Lehr-Regiment 902*, ou *KG 902*, la *Kampfgruppe Heintz (275. ID)*, la *Kampfgruppe von Aufsess (Schnelle Brigade 30).* A l'est de la Vire, dans le secteur de Saint-Lô qui ne sera pas concerné par l'attaque après les violents combats, très coûteux en hommes, des deux côtés, le IIe corps para, avec les restes de la *352. ID* (repliés depuis la côte et *Omaha Beach*) et la *2. Fallschirmjäger-Division*. Nous voyons ici l'attaque menée le 15 juillet depuis les Hauts Vents par la *30th Infantry Division* appuyée par les chars du *CCB3 (2d Armored Division)*.

7. Carte au 1/50 000e utilisée par la *Panzer-Lehr* dans le secteur situé à l'ouest de Saint-Lô. (Coll. H. Ritgen/Heimdal.)

1. Le *Hauptmann* Helmut Ritgen, qui commandait la compagnie des services du *Panzer-Regiment 130,* prend le commandement du IIe bataillon, bataillon du régiment de chars *(II./130)* le 11 juin 1944, après la mort du Prince von Schönburg-Waldenburg. Il le commandera jusqu'à la fin et sera nommé *Major* en décembre 1944. Après guerre, il sera instructeur de l'école des blindés de la Bundeswehr et historien de l'arme blindée. (Coll. H. Ritgen/Heimdal.)

2. Le *Major* Walter Brand commande le bataillon du Génie *(Pz.Pio.Bat. 130)* de la PLD. La Croix de chevalier lui a été attribuée le 18 juillet 1944. (HR/Hdl.)

3. Le *Major* Gerd von Born-Fallois commande le groupe de reconnaissance de la division, la *Pz.Aufkl.Abt.130*, la Croix de chevalier lui a été attribuée le 29 janvier 1944. (HR/Hdl.)

4. Nettoyage du canon de 5 cm d'un *Puma* de la *Panzer-Lehr-Division*. Cette photo a été prise lors de la mise sur pied de la division alors que l'engin est sorti d'usine, revêtu de sa peinture couleur sable, sans camouflage et sans marquage. L'entretien est constant sur les blindés, les équipages y sont astreints régulièrement. (Coll. H. Ritgen/heimdal.)

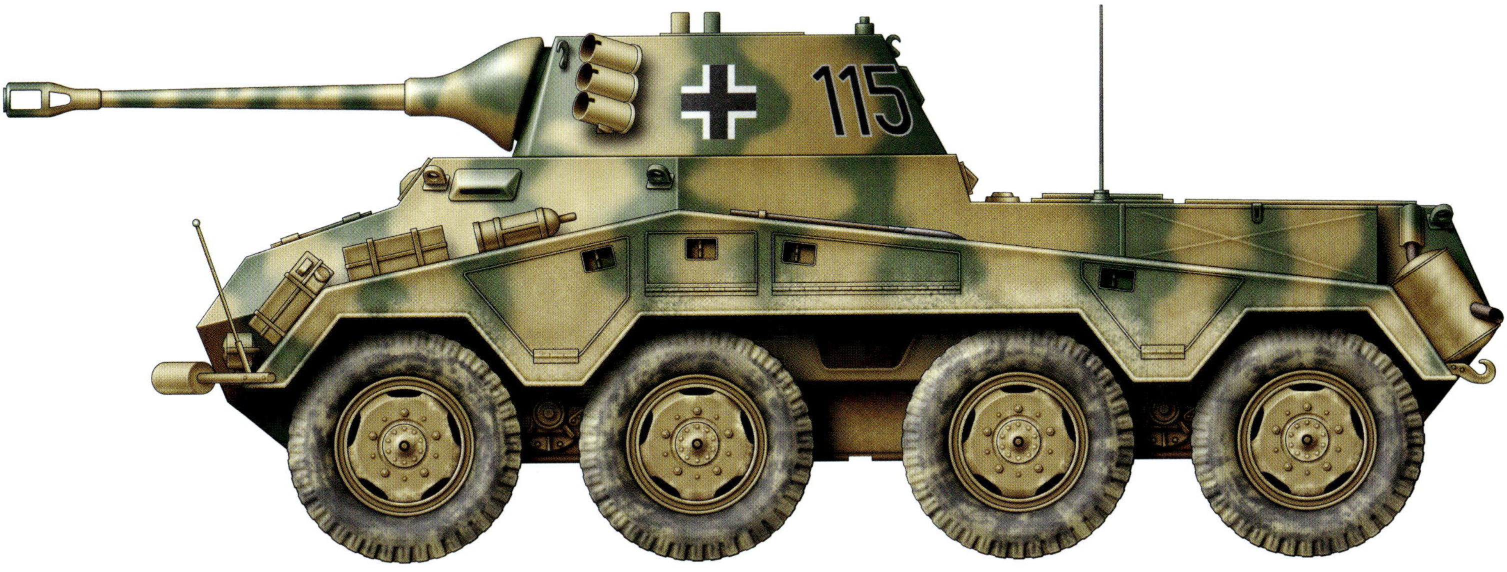

Un blindé de reconnaissance *Puma* de la *Panzer-Lehr-Division*. Ce rare engin blindé à huit roues a été engagé au sein du groupe de reconnaissance de cette division, la *Panzer-Aufklärungs-Abteilung 130*. Armé d'un canon de 50 mm, le *5 cm KwK 39/1 L/60*. La tourelle a été produite par Daimler-Benz AG, prévue à l'origine pour l'engin de reconnaissance *Leopard*. Elle emporte 55 coups de 50 mm. L'engin pesant 11,74 tonnes est servi par un équipage de quatre hommes. Le moteur est un Tatra 103 avec douze cylindres en V. Avec une vitesse maximum de 90 km/h, il a une autonomie de 1 000 kilomètres sur route et 600 kilomètres en tout terrain, ce qui est remarquable. Sa consommation est de 40 litres au cent/km sur route et de 60 litres en tout terrain. Le réservoir contient 360 litres. Son système de freinage est produit par la firme Knorr. Longueur hors tout : 6,88 m ; largeur hors tout : 2,33 m ; hauteur hors tout : 2,38 m. Le blindage est de 30 mm devant, 8 mm sur les côtés, 10 mm à l'arrière et 30 mm à l'avant de la tourelle. Ce *Radspähwagen « Puma »* ou *SdKfz 234/2* équipait entièrement la 1re compagnie de la *Pz.AA.130* avec 26 véhicules. Celui-ci, d'après son marquage de tourelle, est le 5e véhicule de la Ire section de la 1re compagnie. Ce véhicule de reconnaissance remarquablement moderne a été fabriqué à trois unités de pré-série et cent de série (dont 26 pour la seule PLD !) (Peinture de Julio Lopez Caeiro.)

SdKfz 251/9 Ausf. D de la *Panzer-Lehr-Division*. Ce véhicule semi-chenillé armé d'un canon de 75 mm court (Stk 37L/24) équipe principalement les bataillons de panzergrenadiers. Ainsi, chaque compagnie de combat du *I./901* en est dotée de deux ainsi qu'au *II./901*. Il en est de même au *Panzergrenadier-Lehr-Regiment 902*, soit douze engins pour chacun de ces régiments. La 3e compagnie du bataillon du Génie, le *Panzer-Pionier-Bataillon 130* dispose aussi de deux de ces engins. Le marquage à quatre chiffres avec les deux premiers en « 11 » correspond à ce bataillon du Génie. (Peinture de Julio Lopez Caeiro.)

Page ci-contre : Panzer IV type H de la *II./Panzer-Lehr-Regiment 130*, l'un des deux bataillons du régiment de chars de la division, qui était commandé par le Prince von Schönburg-Waldenburg tué le 11 juin 1944 à l'est de Tilly-sur-Seulles, et qui est alors remplacé par le *Hauptmann* Helmut Ritgen. Le char est recouvert de Zimmerit, pâte antimagnétique. Cet engin est le 5e char de la IIIe section de la 5e compagnie. Sur le côté de la tourelle, les chiffres sont peints en blanc, petits et fins, encadrés de la croix allemande et du blason personnel du Prince von Schönburg-Waldenburg. A l'arrière, les chiffres sont beaucoup plus gros et peints au pochoir avec leur seul contour (on distingue ici le 5). Ils sont à nouveau accompagnés du blason du Prince, de biais et au contour moins carré, en forme de blason. (Peinture de Julio Lopez Caeiro.)

1. Emblème de la *2.SS-Panzer-Division « Das Reich »* peint sur ses véhicules. (Heimdal.)

2. Le *SS-Obersturmbannführer* Günther-Eberhard Wisliceny (ici avec le grade de *SS-Stubaf.* et avant l'attribution du RK, avant le 30 juillet 1943) est né le 5 septembre 1912 à Regulowken, arr. d'Angersburg en Prusse Orientale, fils d'un propriétaire terrien. Il se porte volontaire dès le 13 mars 1933 pour la *SS-Stabswache Berlin*, noyau de la *Leibstandarte* et y est promu *SS-Untersturmführer* le 10 mars 1935 puis *SS-Ostuf.* le 9 novembre 1936. Il prend le commandement de la 8e compagnie du Régiment *Der Führer* en mai 1938 puis celui de la *8./SS-IR 11* le 22 octobre 1939 avec laquelle il participe à la campagne des Balkans puis à Barbarossa. Il s'illustre à l'Est et gagne la Croix de fer de Ire classe devant Moscou, le 7 novembre 1941. Lors de la remise sur pied de la division « Das Reich », on lui confie le commandement du *III./Deutschland* avec le grade de *SS-Hauptsturmführer*, en mars 1942. Il prouve son courage et, le 20 avril 1943, il reçoit la croix allemande en or et est promu au grade de *SS-Sturmbannführer* (commandant). En raison de ses exploits pendant la bataille de Koursk, blessé pour la troisième fois, la Croix de chevalier lui est attribuée le 30 juillet 1943. Le 9 mars 1944 lors de la nouvelle remise sur pied de la division, dans le Sud-Ouest, on lui confie le commandement du *SS-Panzergrenadier-Regiment 3* avec le grade de *SS-Obersturmbannführer* (lieutenant-colonel). Il s'illustrera à nouveau en Normandie par sa détermination et son courage et recevra les feuilles de chêne (en tant que 687e soldat) le 26 décembre 1944. Il recevra encore la barette du combat rapproché en or le 12 mars 1945 et les glaives à sa Croix de chevalier (151e soldat !) le 6 mai 1945. Il se rendra à l'armée américaine le 8 mai 1945. Membre de la *Das Reich*, sera livré à la police française en 1947. (Coll. S. Cazenave/R. Warnick.)

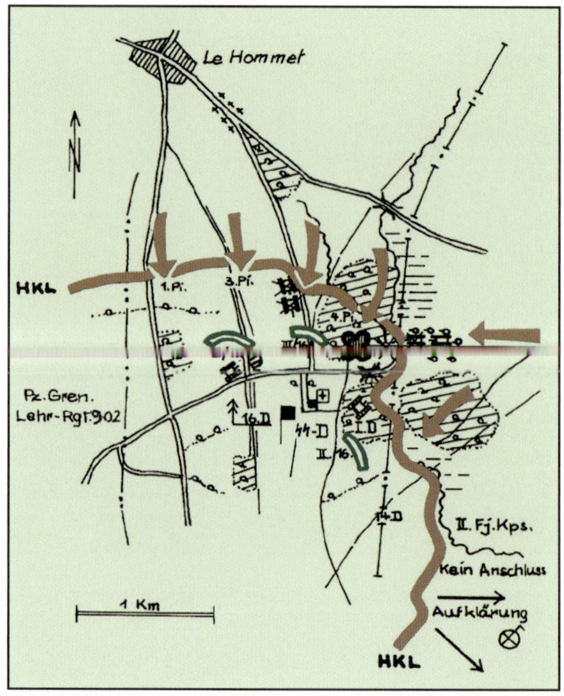

3. Le 17 juillet, plusieurs attaques sont menées contre le saillant du château d'Esglandes que tient la *Kampfgruppe Wisliceny* à l'est du secteur prévu pour l'attaque américaine face au secteur de Saint-Lô, où elle a perdu le contact avec

4

5

8 et **9.** Autres aspects de cette cérémonie. Dans quelques jours, après ces moments de détente et de joie, les remises de décorations sont des moments appréciés pour une troupe d'élite, l'enfer surviendra à nouveau. (Coll. S. Cazenave/R. Warnick.)

Le *SS-Ostuf.* Heinz Macher.

le IIe Corps para *(II.FJ.Kps)* vers lequel la *KG Wisliceny* a mené une reconnaissance *(Aufklärung)*. Ce jour-là, la compagnie du Génie du Régiment *Deutschland*, sous les ordres du *SS-Ostuf.* Heinz Macher, repousse seize attaques américaines et trois de ses sapeurs de sa IIIe section *(III./16* sur le plan), les sapeurs Heinska, Jerserik et Kloeppel, âgés de dix-neuf ans, détruisent deux tanks avec des grenades (marqués d'une croix sur le plan). Mais ce saillant doit être abandonné le lendemain. (Carte Heimdal d'après document allemand.)

4. Un char Panther du *SS-Panzer-Regiment 2* en observation et en soutien des grenadiers en juillet 1944. (Coll. S. Cazenave/R. Warnick.)

5. Panzerkampfwagen V Ausf. A Panther de la *3. Kompanie* de la *I./SS-Panzer-Regiment 2 DR*. (Peinture de Julio Lopez Caeiro.)

6. Nous voyons ici un char Panther de cette unité dont le numéro se termine par « 31 », peut être le « 331 ». Il s'agit de l'engin du chef de la IIIe section et, dans ce cas, de la 3e compagnie. Pour les chars en appui des fantassins près de la ligne de front et aussi pour échapper à la vigilance des chasseurs-bombardiers, le camouflage avec du feuillage est de rigueur. (Coll. S. Cazenave/R. Warnick.)

7. Le *SS-Ostubaf* Wisliceny (Croix de chevalier au cou) entouré de quelques uns de ses officiers lors d'une remise de décoration en juillet 1944, peu avant « Cobra ». (Coll. S. Cazenave/R. Warnick.)

1

2

3

4

Les chars contre les haies

1. Le lieutenant-colonel Lawrence G. Foster, commandant le *23rd Armored Battalion* qui mit au point les « *hedgecutters* ».

2, 3 et **4.** Les haies ont posé un redoutable problème aux unités de chars américains. Pour permettre leur passage en dehors des routes étroites, les hommes du Génie devaient faire exploser une portion de haie. Certains chars, des *Tank-dozers*, étaient équipés à l'avant d'une lame de bull-dozer. Quoiqu'efficaces, de tels engins étaient peu répandus et moins maniables que les autres chars. Nous voyons ici **(2** et **3)** deux manœuvres de l'un d'eux appartenant à la *3rd Armored Division*. (D.F. et DAVA/Coll. Heimdal.)

5

5, 6 et **7.** Après les expériences des combats menés à Villiers-Fossard et aux Hauts-Vents, le bataillon du Génie de la *3rd Armored Division*, le *23rd Armored Engineer Battalion*, invente les dents fixées à l'avant des blindés ; le char *hedgecutter* (« coupeur de haies ») est né. Cet accessoire était fabriqué en débitant et en soudant des obstacles de plage allemands, abondants sur les côtes. C'était simple et ingénieux. Nous voyons ici un char Sherman de la *3rd Armored Division* **(photo 5)** qui vient de traverser une haie et un char Stuart de la *705th Ord. Company* de la *5th Infantry Division* **(6** et **7)** équipé de ces « dents ». (DAVA et D.F./Heimdal.)

6

7

1

2

15 et 16 juillet 1944.

1. Le régiment de chars de la division « *Das Reich* », commandé par le lieutenant-colonel Tychsen, vient appuyer la division « *Götz von Berlichingen* ». L'un des chars Panther du Ier bataillon a été victime, ici, d'une fusée tirée par le bazooka du soldat Ward Watley, un Texan. Ward Watley, qui appartient au *22d Inf. Rgt.* de la *4th Infantry Division*, revient examiner, le 16 juillet, son « tableau de chasse ».

2. Près de Sainteny, le 16 juillet, un obusier de 155 mm de la batterie « B » du *20th Field Artillery Battalion* (l'un des quatre groupes d'artillerie de la *4th Division*) ouvre le feu sur les positions tenues par la division « *Das Reich* ». (Photo collection Heimdal.)

3. Au sud-ouest de Sainteny, ces trois paras allemands du 6e régiment ont été tués alors qu'ils effectuaient une patrouille de reconnaissance. Leur véhicule, un Schwimmwagen, est examiné (à l'arrière-plan) par deux fantassins de la *4th Infantry Division*. Photo prise le 16 juillet.

3

4

5

4. Pendant ce temps, le pont de Saint-Fromond permet aux véhicules du *XIX Corps* de venir renforcer la large tête de pont à l'ouest de la Vire. Ce secteur est maintenant bien calme et la traversée de la Vire en bateaux d'assaut sous les tirs d'obus de mortiers il y a quelques jours n'est plus qu'un souvenir ; les GI's prennent (au premier plan) des instants de détente sur cette rivière devenue ici bien paisible. (Photos collection Heimdal.)

5. Sur cette photo, prise quelques jours plus tôt, nous apercevons sur la gauche l'hôtel bordant l'entrée du pont avant qu'il ne subisse de nouveaux tirs, probablement de l'artillerie allemande. (D.F. /Heimdal.)

18, 19 juillet 1944.

1. Pont-Hébert, le 19 juillet, trois carcasses de chars Sherman sont là pour rappeler que la « *Panzer-Lehr* » lança une attaque à partir de cette localité le 11 juillet.

2. En attendant la construction d'un pont de bateau, des ambulances passent ici à gué à Pont-Hébert. La localité située sur la rive droite de la Vire (ici en regardant vers le nord) est maintenant aux mains des Américains.

3. Pont-Hébert, les deux rives sont maintenant reliées par un pont de bateaux.

4. Les unités de chars américains ont eu aussi de lourdes pertes mais un bon nombre des Shermans endommagés a pu être remorqué et amené aux ateliers de dépannage. Ceux-ci en cours de réparation le 18 juillet, rejoindront bientôt le front.

5 et **6.** Le 19 juillet, des pilotes américains de P-47 Thunderbolts viennent examiner leurs « victimes » afin de voir l'action de leurs avions sur les monstres d'acier et découvrir les points les plus vulnérables. Sur le char « 215 » (photo n° 5), la « Zimmerit » (pâte antimagnétique) qui recouvre ce « Panther » est presqu'intacte. L'endroit n'étant pas précisé, on ne sait pas si ce char d'une 2e compagnie appartient à la « *Das Reich* » ou à la « *Panzer-Lehr* » détruits par des P-47 le 11 juillet. Le « Panther » que nous voyons sur la photo n° 6 a été plus sérieusement touché. Une fusée a disloqué le train de roulement gauche, une autre celui de droite, et une autre le compartiment du moteur et des réservoirs d'essence à l'arrière. Sur cette dernière photo, nous voyons, autour du char de gauche à droite, le *1st Lieutenant* Henry W. Collins (d'Atlanta), le *1st Lieutenant* Bayard B. Taylor (de Lincoln) et le *1st Lieutenant* Joe F. Richmond (de West Union, dans l'Ohio). Ils appartiennent au *366th Fighter Group*.

(Photos DAVA, collection Heimdal.)

1

3

4

2

23 et 24 juillet. Préparatifs de l'offensive

23 juillet, avant de monter en ligne et prendre part à l'opération « Cobra », les GI's sont souvent entièrement rééquipés. L'armée américaine est une armée riche. Pendant ce temps, les Allemands manquent de tout et usent leurs uniformes jusqu'à la trame **(1)**. On vérifie et on change les casques **(2)**. Les GI's se débarassent des équipements qui ne leur sont plus utiles afin d'avoir des paquetages plus légers pour l'offensive à venir **(3)**. Les hommes des unités d'infanterie sont en train d'assembler leurs paquetages légers. (Photos D.F./ Heimdal.)

24 juillet, l'artillerie et les mortiers se préparent à contribuer à l'écrasement des lignes allemandes. Le 87e bataillon de mortiers lourds *(87th CML Battalion)* a disposé ses mortiers de 4.2 pouces à 600 yards (550 mètres) du front allemand **(4)**. Transportée par des chenillettes M29 (Weasel), la 1re section de la compagnie « C » du bataillon reprend sa position **(5)**. Des servants de mortiers déchargent une chenillette des caisses contenant les obus de 4.2 pouces (un peu plus de 100 mm). (Photos D.F./ Heimdal.)

5

23 juillet 1944. Les troupes montent en ligne pour « Cobra ».

1. Les camions viennent chercher à l'arrière les soldats qui vont venir renforcer les lignes avant l'offensive.

2. Une seule route : « en avant ! ». Ces hommes de la *4th Infantry Division* s'apprêtent à partir à l'assaut entre la Chapelle-en-Juger et Hébécrevon. (8621)

3
et **4.** Une autre unité de la *4th Infantry Division* monte à pied vers les lignes ; une fermière normande les regarde passer, à la ferme du lieu-dit La Maison Basset au Hommet d'Arthenay. Là encore, les hommes suivent les routes balisées par la pancarte « One way ». (8629 et photo prise en 1987).

5. Le *T/S* Charles J. Jozefik et le *Pfc* Frank J. Zielinski de la *142d Armd. Sig. Company* font une reconnaissance en Jeep sur une petite route de terre transformée en bourbier par les fortes pluies des derniers jours. On remarquera à l'avant de la Jeep la barre destinée à couper les fils métalliques que les Allemands tendaient parfois en travers des routes pour décapiter les soldats américains, piège redoutable et contre-mesure.

5

6. Une équipe de déminage du 3e bataillon du *8th Infantry Regiment* de la *4th Infantry Division* monte vers les lignes, près d'Amigny, au nord de la route Saint-Lô/Lessay, tandis que les chars de la *2nd Armored Division* attendent sur le côté droit de la route en laissant passer l'infanterie. (8623)

Toutes ces photos ont été prises le 23 juillet par les correspondants de guerre Collier, Barth et Parker. (Nat. Archives et US Army, collection Heimdal.)

6

3

Le tapis de bombes 24 au 26 juillet

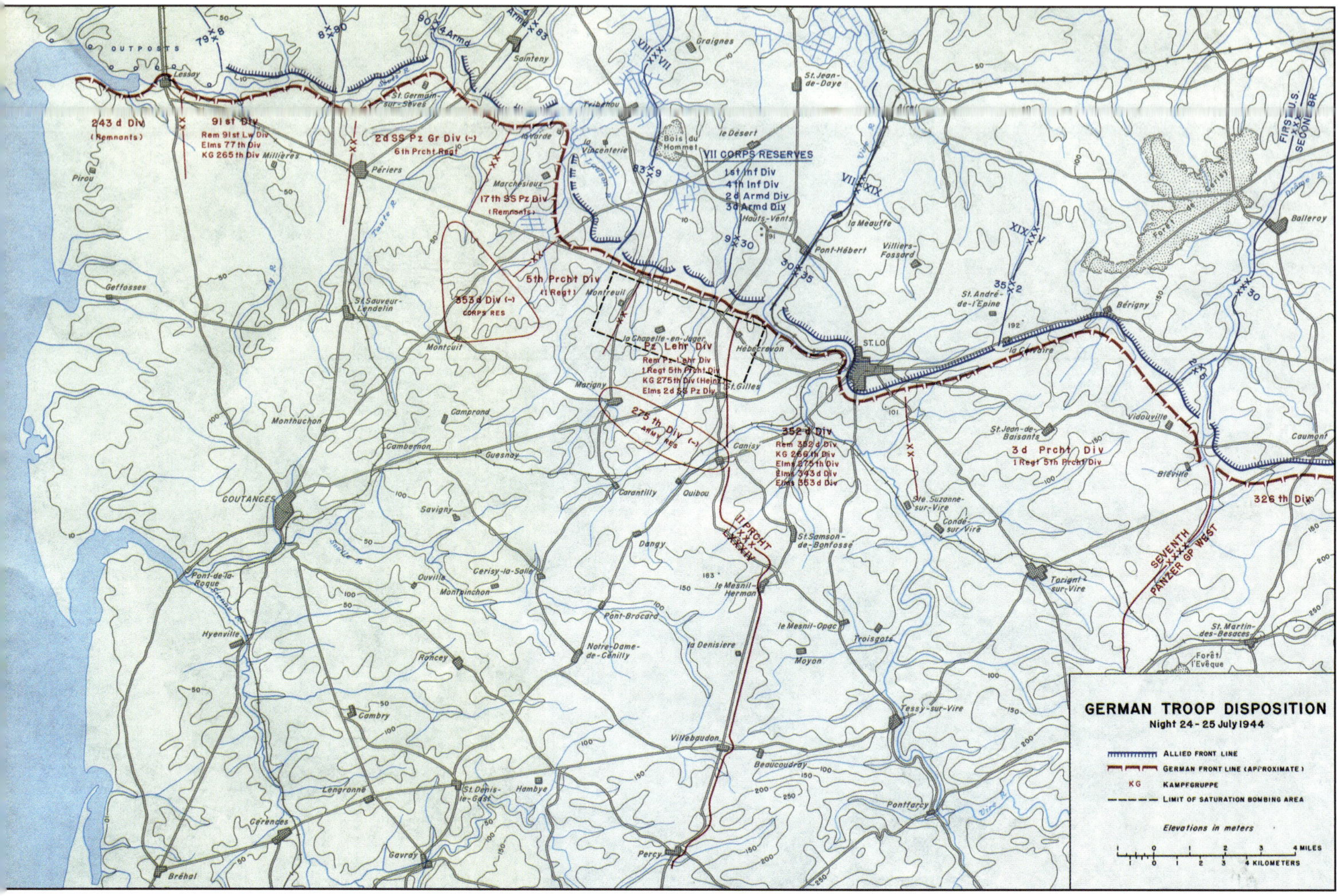

Carte ci-dessus : la ligne de front avec les positions des troupes allemandes les 24 et 25 juillet. A l'ouest, au-delà du tapis de bombes, dans le secteur de Lessay, les *79th ID* et *8th ID* font face à des restes unités allemandes, *Kampfgruppen* souvent réduites à peu de choses des *243.ID*, *91.ID*, avec celles de la *77.ID* (Bacherer) et de la *265.ID*. De là, la route mènera de Lessay vers Coutances. Puis nous trouvons le secteur des *90th ID* et *83rd ID*, appuyées par les blindés de la *4th AD* et de la *6th AD* (en réserve). Leur objectif est Périers puis Saint-Sauveur-Lendelin et Coutances. En face, ce sont la *2.SS-Pz.-Div. (Das Reich)* et le *FJR6*, puis les restes de la *17.SS-Pz.-Div. (GvB)* et la *5.FJ.-Div.*, puis, dans le secteur du tapis de bombes, quatre divisions dont deux blindés face au *FJR14*, à la *PLD* et des éléments de la *275.ID (KG Heintz)*. Enfin, le secteur de Saint-Lô et celui de Caumont sera l'aile d'appui, sur laquelle toute l'attaque va pivoter. (US Army.)

Ci-contre : le bombardement du 25 juillet touche aussi les positions américaines. Nous voyons ici des officiers médecins extraire des GIs enterrés sous des masses de terre projetées par les bombes. (DAVA/Coll. Heimdal.)

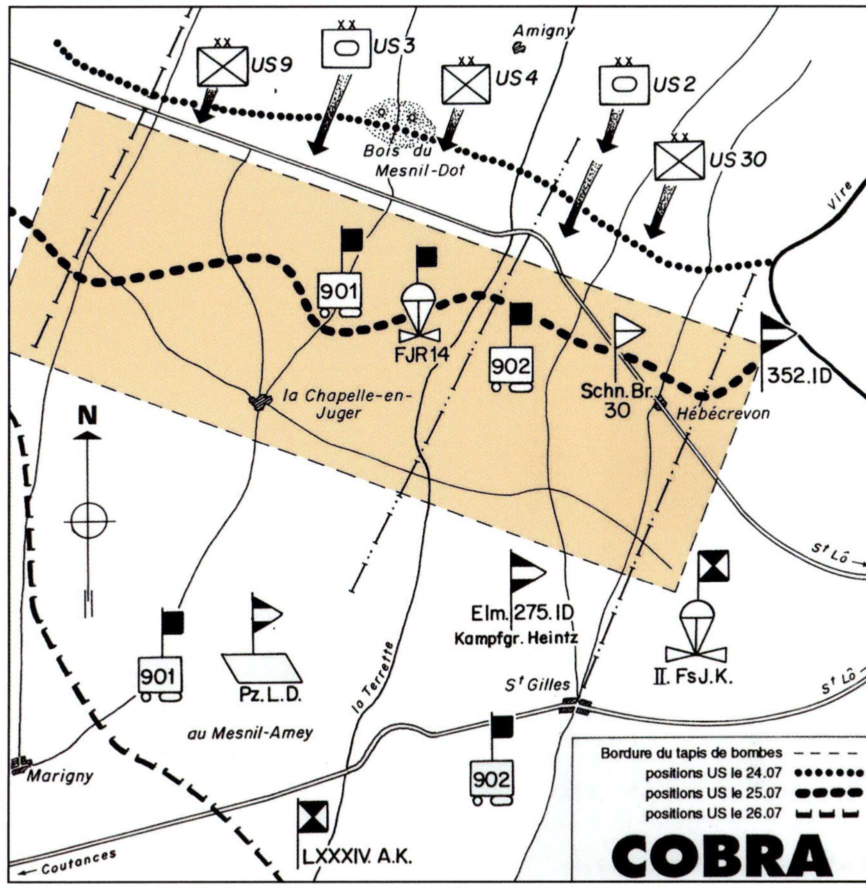

Le secteur du tapis de bombes. La *9th ID* et la *3rd AD* vont submerger le secteur du Régiment 901 et du *FJR 14*. La *30th ID* et la *2d AD (Hell on Wheels)* celui du Régiment 902, de la *Schnelle Brigade 30* et du *KG Heintz*. Objectif Marigny pour les premiers et Saint-Gilles pour les seconds. (Heimdal.)

Le 24 juillet

Le bombardement est prévu pour 13 heures. Six groupes de chasseurs-bombardiers de la *IX TAC* et trois divisions de bombardement de la *8th US Air Force* (environ 1 600 bombardiers lourds) décollent d'Angleterre. Le grand jour est arrivé. En Normandie, le *Maj.Gen.* Collins a fait exécuter le repli prévu de 1 200 yards (1 100 mètres) des premières lignes de ses *9th* et *30th Inf. Div.*, pour éviter qu'elles soient trop près des zones bombardées.

Mais, en Angleterre, la visibilité est mauvaise. L'*Air Chief Marshal* Leigh-Mallory décide, dans ces conditions, de faire reporter le bombardement. Son message n'arrive que quelques minutes après l'envol des escadres, la plupart des bombardiers moyens restent donc au sol, trois des dix groupes de chasseurs-bombardiers peuvent être joints mais les trois autres vont larguer leurs bombes. Quant aux bombardiers lourds, devant la mauvaise visibilité, 500 d'entre eux décident de faire demi-tour, 35 bombardiers de la deuxième vague larguent quelques bombes, un peu à l'aveuglette, tuant 25 hommes et en blessant 131 à la **30th Infantry Division**. Le *Maj.Gen.* Collins, malgré ce bombardement raté, va tenter d'exploiter la situation et surtout d'éviter que la *« Panzer-Lehr »* ne s'empare des positions évacuées pendant la nuit. La **9th Infantry Division** lance son *60th Infantry Regiment* pour repousser des Allemands infiltrés. Un bataillon du *47th IR* va se battre pour une simple haie et le *39th IR* perdra 77 hommes après huit heures de combat pour reprendre une position.

Cette première phase manquée de l'opération « Cobra » soulève les controverses. Le *Lt.Gen.* Bradley proteste auprès du commandement des forces aériennes du fait d'erreurs de procédures dans l'approche des bombardiers lourds, alors que l'opération avait été soigneusement mise au point depuis deux semaines. Mais il n'y a pas de temps à perdre, l'effet de surprise est manqué et il ne faut pas laisser le temps aux Allemands de prendre des mesures préventives. La météo s'annonce bonne pour le lendemain. Bradley décide : « Cobra » sera lancée le 25 juillet à 11 heures.

Des modifications sont effectuées dans le plan de vol pour éviter les diverses pertes essuyées par l'infanterie américaine la veille.

Paradoxalement, ce bombardement manqué n'alerte pas le commandement allemand. En cette fin de matinée du 24 juillet, la **« Panzer-Lehr »** ne tient pas vraiment une ligne de front mais un ensemble de points d'appui assez espacés (constitués chacun par un petit groupe de grenadiers appuyés par quelques mitrailleuses et un ou deux chars), la plupart d'entre eux sont juste au sud de la route. Les jeunes paras du 13e régiment forment un point d'ancrage au nord de Marigny (vers Montreuil-sur-Lozon). Le reste du secteur, jusqu'à Hébécrevon, est tenu par les hommes de la *« Panzer-Lehr »*. Avec ce ciel nuageux, ils ne pensaient pas être assaillis par les chasseurs-bombardiers et espéraient bénéficier d'une journée calme marquée d'une activité de patrouilles sur les lignes américaines. Soudain, un immense grondement envahit le ciel. Une flotte aérienne est au-dessus des nuages, comment est-ce possible par ce temps bouché ? Des sifflements, des explosions, 800 tonnes de bombes dont 550 tonnes de bombes explosives et 135 tonnes de bombes à fragmentations ont été larguées. Les pertes, dans les rangs de la *« Panzer-Lehr »* sont estimées à 350 hommes et 10 chars et canons d'assaut. Toutefois, l'attaque terrestre n'ayant pas vraiment débouché (le *Maj.Gen.* Collins a surtout essayé de reprendre le terrain laissé dans le repli de ses troupes), le général Bayerlein pense avoir repoussé une offensive de grande envergure. Cette attaque manquée lui donne confiance en ses capacités de résistance. Il pense toutefois que l'assaut sera renouvelé le 25 et demande 200 hommes de la *275. Infanterie-Division* (en réserve à l'arrière). Cependant, il croit que le bombardement principal est passé et qu'il n'y aura demain qu'un assaut terrestre. Il ne replie donc pas ses troupes ; ce qui sera fatal pour elles. En fait, le bombardement manqué aura, paradoxalement, l'effet d'une ruse et contribuera encore au succès final de l'opération.

Le 25 juillet

Il est **9 heures**, 1 500 B-17 et B-27 sont sur leurs objectifs et vont larguer 3 300 tonnes de bombes sur la zone de saturation allant de Montreuil à Hébécrevon. L'enfer tombe du ciel. Il y aura de nouveau de lourdes pertes en secteur américain. Le bombardier de tête de la troisième formation fait une erreur de visée. Ce bombardement au nord de la route nationale sur les lignes américaines tuera 111 GI's est en blessera 490. Parmi les pertes, il y a le *Lieutenant General* Lesley J.McNair, le chef du *1st US Army Group* (dont l'existence était liée au plan *« Fortitude »* qui fixait tant de divisions dans le Pas-de-Calais) ; sa mort fut tenue secrète. Chaque division américaine de la ligne de front a été touchée :

- 14 tués et 33 blessés au *47th IR* de la *9th ID* - 15 tués et 23 blessés au *15th Engineer Battalion* (*9th ID*) - 4 blessés au *60th Field Artillery Battalion* (*9th ID*), - 1 tué et 2 blessés au *84th Field Artillery Battalion* (*9th ID*), - 10 tués et 27 blessés à la *4th ID*, - 61 tués et 374 blessés de la *30th ID*. Les plus lourdes pertes ont donc été enregistrées dans cette division qui doit avancer sur l'aile gauche du dispositif (chiffres M. Blumenson, *op. cit.*, p. 236). Les chiffres complémentaires donnés dans l'historique de cette division par Robert L. Hewitt, p. 37) sont éloquents : *« Le bombardement du 25 causa à la division autant de pertes qu'une très dure journée de combats. La 30e*

Le *Pvt* Robert J. Vance, de Portland dans l'Oregon est un agent de liaison motocycliste du *33rd Armored Regiment* (voir inscription peinte sur le garde-boue à l'avant de la moto), l'un des régiments de la *3rd Armored Division* (emblème - censuré - porté sur son casque). Il a été pris sous un barrage d'artillerie pendant 45 minutes le 22 juillet. Il est photographié ici à Saint-Jean-de-Daye le 26 juillet. (DAVA/Coll. Heimdal.)

subit, par ce bref bombardement, 662 pertes, soit 64 tués, 374 blessés, 60 disparus et 164 cas de "combat fatigue" portant ainsi le total des pertes pour les deux jours à 814. »

Beaucoup d'hommes seront atteints de *« Combat fatigue »*, mis en état de choc par le bombardement proche et incapables de combattre. Le *« Command Group »* du 3e bataillon du *47th IR (9th Inf. Div.)* a été anéanti. Mais quel a été le résultat sur les lignes allemandes ?

Si le bombardement a occasionné des pertes sévères dans les lignes américaines, le tapis de bombes a été dévastateur sur les lignes allemandes. Il n'y a plus un seul char en état de marche parmi les 40 Panzers qui étaient engagés dans la ligne de front. Certains ont explosé sous l'impact, d'autres ont été retournés sur le dos, projetés dans les cratères de bombes. Le colonel Gerhardt, qui commande ce qui reste du *Pz.-Lehr.Rgt. 130*, ne dispose plus que des 7 chars qu'il tenait en réserve !... pour contenir l'assaut de quatre divisions d'infanterie et de deux divisions blindées. Le général Bayerlein considère que sa division, déjà très affaiblie, est proprement anéantie, qu'elle n'existe plus. Lorsque, vers midi, il se rend dans le secteur d'Amigny, il n'y voit que *« de la fumée, de la poussière et des flammes »*. Sur les 5 000 hommes que comptait encore la division (dont 2 200 grenadiers), il n'y a que 2 500 survivants ! Et les survivants qui ont échappé aux bombes sont bien souvent eux aussi en état de choc.

Le corps de bataille américain attaque : la **4th Inf. Div.** au centre flanquée, à droite de la **9th Inf. Div.** et, à gauche, de la **30e**. La **2d Arm. Div.**, arrivant des Hauts Vents, fonce et atteint le carrefour sur la route nationale. La **1st Inf. Div.** et la **3rd Arm. Div.** suivent la *9th ID*. A un contre trente les derniers survivants de la **« Panzer-Lehr »,** quelques paras du 13e régiment et une poignée de survivants de la **« Kampfgruppe Heintz »** tentent d'arrêter le raz-de-marée avant d'être complètement submergés ! Du côté américain, un bataillon de la **30th Inf. Div.** et un régiment de la **9th Inf. Div.** n'ont pu participer à l'attaque. Quelques points de résistance allemands ralentissent la progression américaine. Deux chars et une ligne de grenadiers vont bloquer un bataillon du **8th IR** de la **4th Inf. Div.** ; la ligne de résistance s'appuie sur un chemin creux qui court au sud de la nationale, parallèlement à celle-ci. Le bataillon contourne ce point de résistance, détruit les deux chars au bazooka mais n'arrive pas à enlever la position. L'attaque en profondeur piétine et la **4th Inf. Div.** n'arrivera qu'à proximité de la **Chapelle-en-Juger** à la tombée de la nuit. Le **47th IR** de la **9th Inf. Div.** a pris Montreuil-sur-Lozon mais le *Maj.Gen.* Eddy, surpris par la résistance inattendue de groupes isolés se défendant avec acharnement, hésite à lancer sa division à fond. La route Saint-Lô/Périers est maintenant aux mains des troupes américaines mais la zone conquise ne fait **pas deux kilomètres de profondeur**. L'objectif principal - la route Saint-Lô/Coutances avec les localités de Marigny et Canisy - est loin d'être atteint. Le *Lt.Gen.* Bradley est inquiet. La grande offensive serait-elle sur le point d'échouer ? Il note que des semaines de guerre dans le bocage ont créé des habitudes de prudence, un conditionnement qu'il est difficile aux fantassins de surmonter du jour au lendemain, surtout après le choc du bombardement court. Son mot d'ordre - « foncer vite » - n'a pas été suivi. Et la détermination des points de résistance allemands n'explique pas tout. Cette nuit du 25 au 26 est une nuit d'angoisse pour les deux camps. Cependant, on vient d'annoncer au *Lt.Gen.* Bradley que la **30th Inf. Div.** du *Maj.Gen.* Hobbs s'est enfin emparée des ruines de **Hébécrevon** et les rapports des *« Intelligence Officers »* signalent que les premiers prisonniers étaient encore hébétés par la violence du bombardement. Et demain matin, il y aura un nouvel appui aérien.

Le 26 juillet

Pour reconstituer le front qui a été pulvérisé, le commandement allemand dispose de peu de moyens et de faibles réserves. Le général von Choltitz décide d'envoyer immédiatement un régiment renforcé de la *353. Inf. Div.* dans le secteur menacé. D'autre part, le commandant de la 7e Armée (Hausser) ignore encore (les communications téléphoniques sont interrompues, elles ont été écrasées sous les bombes) l'état réel de la *« Panzer-Lehr »*. Face à la **83rd Inf. Div.**, des éléments de la **5. Fallschirmjäger-Division** ont tenu avec détermination la veille (favorisés en défense par un terrain accidenté et le cours encaissé de la vallée du Lozon). La **353. Inf.-Div.** se prépare à contre-attaquer sur la Chapelle-en-Juger. Ce qui reste de la **« Panzer-Lehr »** va aussi tenter de faire face. Le colonel Gerhardt a réussi à faire réparer quelques chars endommagés et il peut en aligner 14 à Canisy et 14 autres rejoindront le **Pz.-Lehr-Rgt. 130** le lendemain.

Ci-dessus : un char Sherman M4A à la coque soudée (Sherman I) se rue dans la brèche créée par le tapis de bombes en passant à côté d'un SdKfz 251 complètement démantibulé. (US Army.)

Ci-contre : parmi les nombreuses variantes du char moyen *M14 Sherman*, figure le *M32 Tank Recovery vehicle*. Equipé d'une grue et d'un treuil, cet engin a pour mission de retirer du champ de bataille les engins ayant subi des avaries ou détruits par le feu ennemi. (Peinture Julio Lopez Caeiro.)

Aux premières heures du jour, la situation n'apparaît pas très brillante pour le commandement américain, les gains de terrain sont très faibles eu égard aux moyens employés. Cependant, l'offensive débouchera vraiment en cette nouvelle journée. Les derniers points de résistance vont céder, les troupes d'assaut se seront ressaisies et l'avance sera inexorable. Dès l'aube, le **8th IR** de la **4th Inf. Div.** s'empare de **La Chapelle-en-Juger**, s'assure du carrefour qui traverse la localité ruinée et continue vers le sud, éliminant quelques points de résistance. Dans l'après-midi, le régiment submerge des éléments de la 353e et met en fuite des unités d'artillerie de la *« Panzer-Lehr »*. Sur la droite, la **9th ID** gagne un peu de terrain mais pas plus que la veille. Par contre, la **30th Inf. Div.** va dévaler sur le flanc gauche. Le **117th IR** (Kelly) avance plein est, vers Saint-Lô, dans la boucle de la Vire. Le **119th IR** descend rapidement vers le sud en rabattant vers le sud-est pour atteindre et couvrir la rive occidentale de la Vire. Dans l'après-midi, il a coupé la route Coutances/Saint-Lô et part atteindre son nouvel objectif : la route Canisy/Saint-Lô, objectif à moitié atteint à la tombée de la nuit. Le *Maj.Gen.* Hobbs exulte : *« This thing as busted wide open »* (« ce machin a explosé largement »). Il ne trouve plus devant lui que quelques soldats qui se ren-

(suite page 80)

30th Infantry Division

1

1st Infantry Division

3

2

3. Le *Private* Victor Dowdle de Blackfoot dans l'Idaho, membre d'une unité antichar de la *1st Infantry Division* (on voit le badge de cette division sur sa manche - « *The Big Red One* ») peint l'étoile blanche des Alliés et la mention de sa compagnie antichar sur un véhicule semi-chenillé allemand capturé. Ce véhicule, un SPW, appartenait au groupe de canons d'assaut de la *Panzer-Lehr-Division* ; on aperçoit faiblement visibles, en haut à droite de l'étoile, les deux signes tactiques l'indiquant.

4. William M. Textee et Henry Zimmerman du 2e Bataillon du *47th Infantry Regiment* de la *9th Infantry Division* (ils sont installés à proximité de leurs camarades que nous avons vus sur la photo n° 2) examinent des tracts de propagande allemande.

5. Ce 24 juillet 1944, fantassins et blindés se mettent en place avant l'assaut décisif.

(D.F./Heimdal.)

Préparatifs, 24 et 25 juillet.

1. Le 24 juillet, un bombardement manqué fait 25 tués et 131 blessés dans les rangs de la *30th Infantry Division.* Nous voyons ici des infirmiers de cette division, « *Old Hickory* » ramasser des blessés. On remarquera le badge de cette division sur la manche de l'infirmier au premier plan.

2. Tandis que les bombardiers sont sur leur objectif en ce 25 juillet, le caporal Anthony Pinto du *47th Infantry Regiment* de la *9th Infantry Division* prend un repas léger avant l'attaque. Le *Command Group* du 3e bataillon de ce régiment va être anéanti par les bombes. On voit le badge de la division sur la manche de ces deux hommes.

9th Infantry Division

4

5

Le bombardement du 25 juillet.

1. L'immense armada des bombardiers alliés emplit le ciel du Cotentin. Cette photo exceptionnelle nous montre les formations de gros oiseaux métalliques qui vont semer la mort et la destruction dans quelques minutes.

2. Ces quatre fantassins du 3e bataillon du *8th Infantry Regiment* de la *4th Division* regardent avec satisfaction cette armada évoluer dans le ciel : il est 10 h 35 (nous avons vérifié...) à la montre d'un des GI's : l'heure du bombardement !

3. La veille, le 24 juillet, un chasseur-bombardier a touché un véhicule. Cette photo montre bien les particularités du terrain où les troupes vont évoluer.

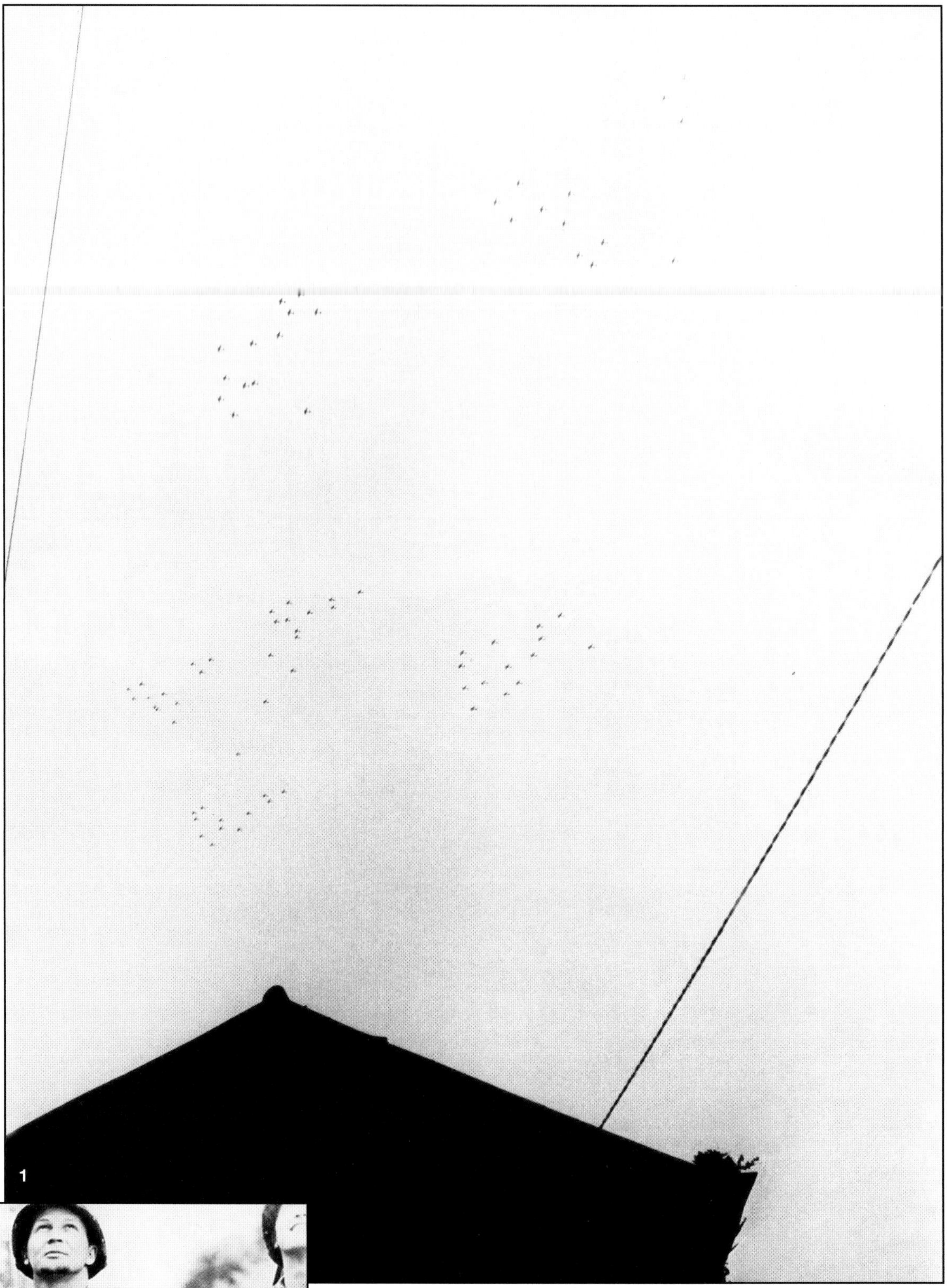

1

2

3

4 et **5.** Ces deux photos aériennes nous montrent les résultats du bombardement dans le secteur de Saint-Gilles. Les cratères de bombes sont énormes. Le secteur photographié est le même (on se repérera avec la route et les traces laissées par les chenilles des chars).

(NA/Heimdal - Coll. Heimdal.)

Le bombardement du 25 juillet

1 et **2.** Il est 9 heures, le 25 juillet 1944, 1 500 bombardiers B-17 et B-27 sont sur leurs objectifs et vont larguer 3 300 tonnes de bombes sur la zone de saturation allant de Montreuil-sur-Lozon à Hébécrevon. L'enfer tombe du ciel ; il y aura aussi de lourdes pertes dans les rangs américains : 111 tués et 490 blessés, presque l'effectif d'un bataillon ! Sur cette photo, des infirmiers dégagent des GI's qui ont été enterrés par des masses de terre projetées par les bombes.

3. Parmi les victimes, il y a le *Lieutenant General* Lesley J. McNair, commandant en chef des forces terrestres et chef du « *1st Army Group* ». Sa mort restera secrète, étant donné son rôle dans le plan « Fortitude ». Cette photo a été prise quelques heures seulement avant sa mort, en ce 25 juillet.

4. Après le bombardement déclenché à 5 heures, suite à celui de la veille qui a échoué, et malgré les pertes, les GI's se ruent à travers les haies pour submerger ce qui subsiste des positions allemandes écrasées sous les bombes.

1

2

5. Les impacts des bombes ont parfois coupé les routes et les bulldozers sont au travail pour permettre aux troupes de monter rapidement vers le front. Nous voyons ici des hommes de la *30th Infantry Division* (on aperçoit le badge de cette unité sur la manche du fantassin de gauche). Ces troupes vont assurer la couverture du flanc gauche de la percée.
(Photos D.F./Heimdal.)

L'agonie de la « Panzer-Lehr » (1)

Le correspondant de guerre George Greb a suivi la ruée des blindés américains vers Marigny le 26 juin 1944. Il a laissé un exceptionnel reportage témoignant du cataclysme qui s'est abattu sur la *Panzer-Lehr-Division*. Il va nous montrer les épaves d'au moins trois chars Panther, d'un Panzer IV et de deux véhicules semi-chenillés.

1 et **2.** Ces deux photos montrent un char Panther de 45 tonnes détruit, jeté comme un fétu de paille dans un trou de bombe. (Coll. Heimdal.)

3. Plus loin, un autre char Panther a été déchenillé et a brûlé. D'après la légende jointe à la photo, les deux motocyclistes qui se reposent, au premier plan, auraient participé à la destruction de ce Panther au bazooka avec une équipe antichar ; c'est possible, car nous ne remarquons pas ici de cratère de bombe. Il s'agit du soldat Raymond Bennett (à droite) d'Irwin dans le Tennessee et du sergent Harvey Davis de San Diego en Californie. (Coll. Heimdal.)

4. Sur cette photo, prise sous un autre angle, nous revoyons le char Panther incendié et les motocyclistes, dans le fond, et, au premier plan, un véhicule semi-chenillé du bataillon du Génie *(Panzer-Pionier-Bataillon 130)* de la *Panzer-Lehr-Division* portant des rampes de franchissement qu'on voit ici sur l'engin. (Coll. Heimdal.)

2

4

1

L'agonie de la « Panzer-Lehr ».

Après les bombardements du 25 juillet, les 40 chars que la *Panzer-Lehr-Division* alignait vont être tous détruits. Certains ont explosé sous l'impact, d'autres ont été retournés sur le dos, projetés dans les cratères de bombes... L'un deux a vu sa tourelle complètement arrachée **(3** et **4)**, tandis qu'un autre brûlait **(1, 2** et **5)**.

(Reportage de George Greb, Nat. Archives, collection Heimdal.)

2

3

4

5

1

L'agonie de la Panzer-Lehr.

Le photographe George Greb a assuré ce reportage dans le sillage de la *2d Armored Division*, près de Saint-Gilles.

Sur le chemin, une Jeep d'un état-major de la *2d Armored Division* passe à côté d'un Panzer IV de la 8e compagnie **(3)** détruit. Nous revoyons ce char sur la photo **1**. Plus loin un véhicule déchenillé de la *Panzer-Lehr* (SPW) a été détruit et jeté sur le côté **(2)**. Et nous revoyons le char « Panther » détruit par le *Sergeant* Harvey Davis, char qui a été déchenillé et a brûlé **(4)**.

2

5. Un autre char « Panther » détruit a été jeté sur le bas-côté de la route. Ces hommes de la *2d Armored Division* posent devant le monstre vaincu.

6. Une équipe d'infirmiers fonce vers Saint-Gilles.

(Reportage de George Greb, Nat. Archives, collection Heimdal.)

3

4

5

6

L'agonie de la « Panzer-Lehr ».

1. Des Tatars et Mongols étaient en ligne aux côtés de la *Panzer-Lehr*, ils sont maintenant prisonniers avec leurs camarades allemands.

2, 4 et **5.** La police militaire de la *2d Armored Division* rassemble quelques prisonniers allemands et quelques Tatars, dont ceux déjà vus sur la photo **1**.

1

4

2

5

3, 6 et **7.** En ce 26 juillet, lorsqu'ils sont entrés dans Saint-Gilles, les Américains n'ont trouvé qu'un seul civil, sa jambe était cassée juste au-dessus de la cheville. Lorsque ces infirmiers d'une unité de « Tank Destroyers » (voir le badge de ce type d'unité sur les trois photos et plus particulièrement sur la photo **6**) tentèrent de lui parler en français, il répondit en russe : « Tovaritch, Tovaritch ! » C'était un Russe qui avait été pris près de Leningrad et enrôlé comme travailleur forcé à Cherbourg d'où il arrive à s'échapper, lors des combats, et à se réfugier ici où il a été blessé. Les infirmiers américains lui donnent les premiers soins avant de l'évacuer en jeep.

(Photo de George Greb/Coll. Greb Heimdal.)

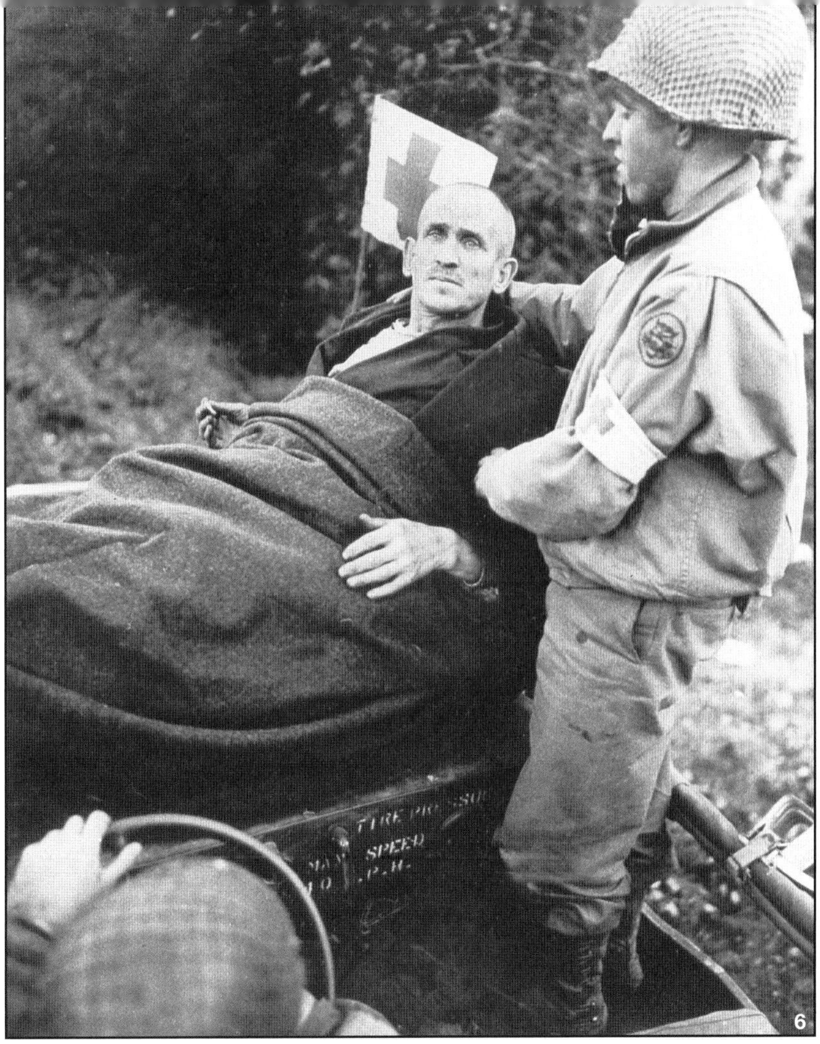

1

2

L'agonie de la « *Panzer-Lehr* » (reportage de George Greb. Nat. Archives, collection Heimdal - photos 1 à 5).

1 et **2.** Une équipe de déminage à l'ouest de Saint-Lô près de Hébécrevon. De gauche à droite (sur la photo n° 2) : le soldat Barnie Forrest de Chipewaw dans le Missouri, le soldat Wilson Smith de Graceville en Floride et le soldat Dalton Farmer de Big Sandy dans le Tennessee.

3

4

3. Un bulldozer dégage la route pour les blindés de la *2d Armored Division*. A l'arrière-plan, un char Sherman est tombé dans un trou de bombe, à côté d'un véhicule semi-chenillé allemand, un SPW, détruit.

4. Du matériel américain abandonné sur le champ de bataille près de Saint-Gilles, équipements probablement de GI's tués ou blessés dans les bombardements ; on remarquera la photo d'une femme collée sur la crosse d'un fusil.

5. Le lieutenant George Williams de Houtzdale en Pennsylvanie désamorce un piège allemand près de Saint Gilles. Une grenade avait été reliée à une boussole ; le GI qui aurait ramassé la boussole aurait fait exploser la grenade.

6. Au nord de Marigny, ces hommes du Génie tentent de dégager un bulldozer tombé dans un trou de bombe fangeux (cette photo n'est pas de George Greb, photo de Collier - 8863).

(Nat. Archives/Collection Heimdal.)

5

6

Quatre divisions blindées américaines sont lancées dans la bataille pour l'Opération « Cobra », la 2e et la 3e sur l'aile gauche (dans la brèche), la 4e sur l'aile droite et la 6e en réserve, derrière cette dernière. Nous voyons ici un char Sherman du *69th Tank Battalion* de la *6th Armored Division* progressant sur une route du bocage le 1er juillet alors que les premiers éléments arrivent pour se mettre en place, arrivant de la côte. La division sera prête deux semaines plus tard, peu avant « Cobra » avec la *4th AD*, elle formera la pince droite de la pince qui devra se refermer sur les unités allemandes en retraite. (DAVA/Heimdal.)

Ces quatre peintures nous montrent un char Sherman du *68th Tank Battalion* de la *6th Armored Division*. On notera les marquages : 6 et un triangle symbolisant la *6th Armored Division* et 68 et un triangle symbolisant ce bataillon. Cet engin appartient à la compagnie C. L'emblème de la division est peint sur le côté. Il s'agit ici, sur la photo et sur les peintures, d'un modèle M4 A1 à caisse moulée ou Sherman II. Son poids total en ordre de combat est 31 500 kilos. Sa longueur est de 5,90 mètres, large de 2,62 mètres et haut de 2,67 mètres. Vitesse maximum sur route : 42 kilomètres/heure avec une autonomie de 160 kilomètres. Le blindage à l'avant est de 51 mm et de 38 mm sur les côtés. Il est armé d'un canon de 75 mm et emporte 98 obus. L'équipage est de cinq hommes dont trois en tourelle. (Peintures Julio Lopez Caeiro.)

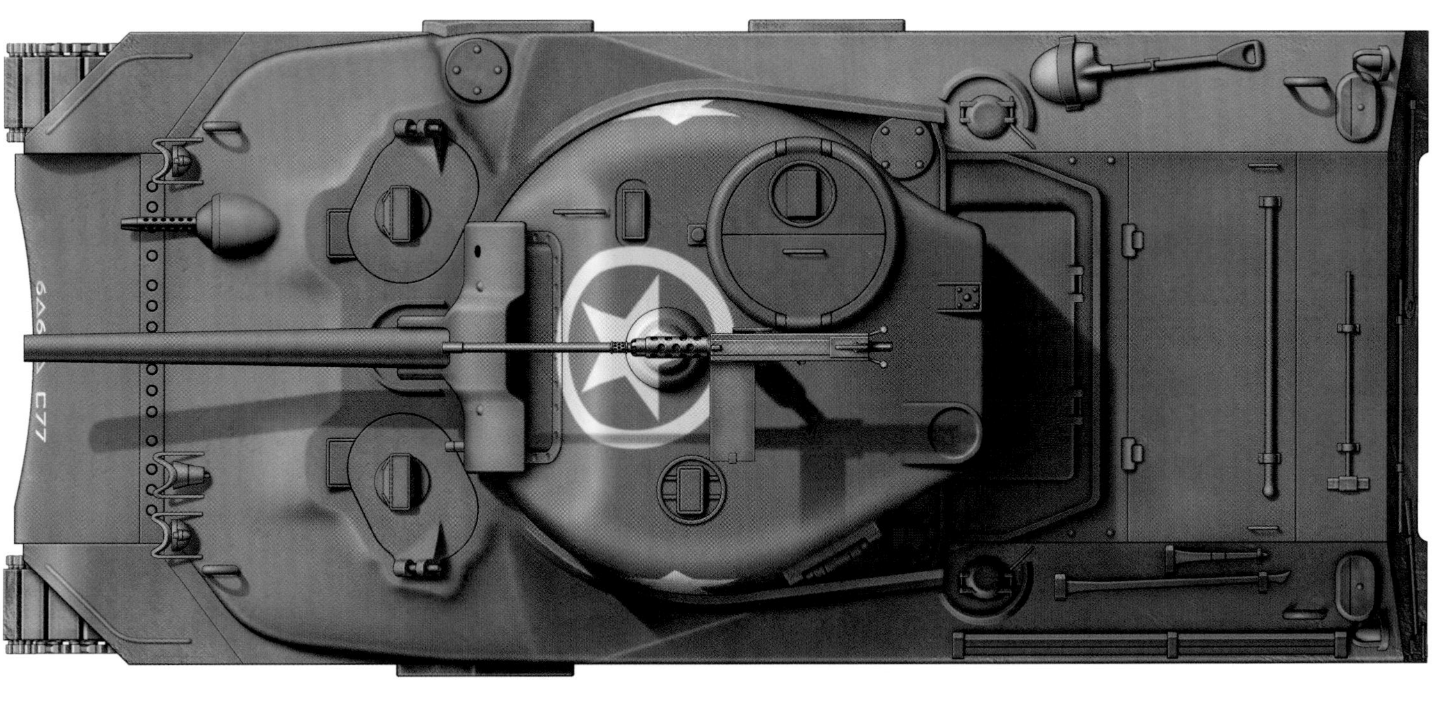

Secteur de Marigny, le 26 juillet.

1. Alors que la *9th Infantry Division* avance sur Marigny, les blindés attendent l'ordre d'attaque. Cinq tankistes de la *3rd Armored Division*, abrités sous leurs chars TD, vont bientôt foncer vers Marigny.

2. Dans l'après-midi du 26 juillet, les chars du CCB de la *3rd Armored Division* se ruent enfin sur Marigny. Nous voyons ici deux chars légers Stuart de la compagnie « B » du *33rd Armored Regiment* fonçant plein sud. Le premier d'entre eux est équipé d'un coupe-haies. (8791)

3

4

5

6

3 et **4.** Le *Major General* Manton S. Eddy (à droite dans la jeep, la main posée sur le pare-brise), qui commande la *9th Infantry Division*, est ici à la ferme du lieu-dit La Courmiette, au Champs de Losques. Il vient suivre sur le terrain la progression de ses hommes vers Marigny ; il a été surpris la veille par la résistance inattendue d'Allemands qui ont pourtant subi un bombardement dévastateur. La ferme que nous voyons ici (prise en 1991) est construite en terre comme la plupart des constructions du secteur.

5. Des fantassins avancent dans Marigny en ruines.

6. Un obusier de 75 mm monté sur châssis blindé *(MK 8 Howitzer)* du *33rd Armored Regiment* de la *3rd Armored Division* traverse Montreuil-sur-Lozon, alors qu'un bulldozer est déjà au travail pour dégager les décombres. L'obusier est suivi par d'autres véhicules du *33rd Armored Regiment* (CCB) : Dodge, M3A1 half-track, auto-mitrailleuse M8, se dirigeant sur Marigny, en ce 26 juillet.

(Photos DAVA et D.F./Heimdal.)

Le front a explosé

1. Ce jeune para allemand, Georg Eidloth, âgé de 17 ans, serait l'un des premiers prisonniers allemands. Il a été capturé au nord de Marigny par le caporal Alex H. Kapitanski, photographe de la *1st Army*, qu'on aperçoit derrière lui. Cette photo a aussi été prise à la Courmiette aux Champs de Losques. Le montage ci-dessous a été fait avec la photo de la page précédente, prise au même endroit.

2. D'autres paras de la *5. Fallschirmjäger-Division*, la plupart encore coiffés de leurs casques, sont emmenés vers l'arrière et passent à côté d'un camion lourd à cabine et moteur blindé de leur unité (il est immatriculé « WL »).

3. Plus loin, après un premier contrôle, leurs gardiens leur ont fait abandonner casques et ceinturons.

4. Une halte. Le photographe a suivi le même groupe. On reconnaît le para qui se trouvait en tête sur la photo précédente.

5. Le contrôle continue.

6. Les hommes de la photo précédente ont reçu une étiquette ; ce sont maintenant des prisonniers de guerre.

(US Army et D.F./Heimdal.)

Des prisonniers rassemblés le 26 juillet.

1 et **2.** Tout un groupe de paras prisonnier, déjà étiqueté, est installé dans une ferme sous la surveillance du *Cpl.* Everett Paw, de Mayfield Hgts., dans l'Ohio, un MP, avant leur transfert vers un camp de prisonniers. Ces paras constituaient une troupe d'élite très motivée. Ce sont les survivants de la *5. Fallschirmjäger-Division* dont le 13e régiment, déjà très éprouvé, a été totalement anéanti sous le tapis de bombes. (8792-24 et 30)

3. Une autre vue de ce groupe.

4. Vers Pont-Brocard, un petit groupe est surveillé par un soldat de la *2d Armored Division,* reconnaissable à sa tenue camouflée.

2

6

5. Un photographe américain de l'*Army Signal Corps* devant le cadavre d'un para allemand tué sur sa position sans avoir eu le temps de se servir de son *Panzerschreck* (bazooka allemand) et de son pistolet-mitrailleur MP 40. Il est équipé des bottes de saut des paras mais est coiffé du casque de l'armée de terre, pratique courante dans les unités de paras allemands utilisés en 1944 presque uniquement dans des opérations terrestres.

6. Ce GI examine quelques tombes allemandes.

(US Army et D.F./Heimdal.)

Les prisonniers sont regroupés, 27 juillet.

1. Le 27 juillet, un officier de la *9th Infantry Division* (on remarquera le badge de la division sur sa manche) interroge des prisonniers allemands capturés lors des combats qui ont eu lieu dans le secteur de Marigny. Il y a là des paras de la *5. Fallschirmjäger-Division* et des fantassins de la *353. Infanterie-Division*. Photo prise par Spangle. (8830)

1

2

2. Le même jour, dans le secteur de Carantilly, des soldats de la *4th Infantry Division* ramènent un prisonnier allemand qui faisait partie de la *275. Infanterie-Division*.

3. Voici maintenant un groupe de prisonniers provenant d'une division d'infanterie. Probablement de la *275. ID*.

4. Des prisonniers ont été rassemblés, dont des paras, la plupart sont blessés.

3

4

5. Les paras prisonniers s'écroulent de fatigue après la terrible épreuve subie.

6. On retrouve les mêmes paras derrière des barbelés.

(US Army et D.F./Heimdal.)

Prisonniers allemands, 25 et 26 juillet 1944

1. Un jeune chasseur-parachutiste (du 13e régiment) lit l'un des milliers tracts lâchés sur les lignes allemandes. Celui-ci évoque l'attentat du 20 juillet et incite à la reddition.

5

2. Au nord de Saint-Gilles, ce 25 juillet, Donald Mackenzie, correspondant des « *New York Daily News* » (à gauche) interroge, avec l'aide du *S/Sgt* Ralph A. Hirst (au centre) qui lui sert d'interprète, un prisonnier allemand de la *Panzer-Lehr* qui porte le blouson feldgrau des unités de canons d'assaut ou de l'artillerie automotrice. Il lui pose des questions sur le moral dans l'armée allemande suite à l'attentat du 20 juillet.

3. Un *Feldwebel* (adjudant) du 13ᵉ régiment de paras, prisonnier le 26 juillet, fume tranquillement une pipe bavaroise. La légende américaine dit qu'il a « une moustache à la Hitler ». Il est décoré de la médaille des blessés.

4. Près de la Chapelle-en-Juger, le 25 juillet le lieutenant Walter V. Bodlanger (au centre) et le lieutenant-colonel Hanson (à droite) demandent à un chasseur-parachutiste allemand (à gauche) des éclaircissements sur les positions de son régiment. On remarquera le badge de la *4th Infantry Division* bien visible sur la manche du lieutenant Boldanger. Les deux officiers américains appartiennent à cette division qui progresse au centre du dispositif.

5. Le 26 juillet, c'est là le premier groupe de prisonniers allemands trié et rassemblé après le premier choc de « Cobra », et qui va être envoyé à l'arrière, vers un camp de prisonniers. Le quatrième prisonnier à droite au premier rang est l'un des Tatars photographiés par George Greb (voir notre reportage sur « l'Agonie de la *Panzer-Lehr* »).

(Photos US Army et D.F./Collection Heimdal.)

4th Infantry Division

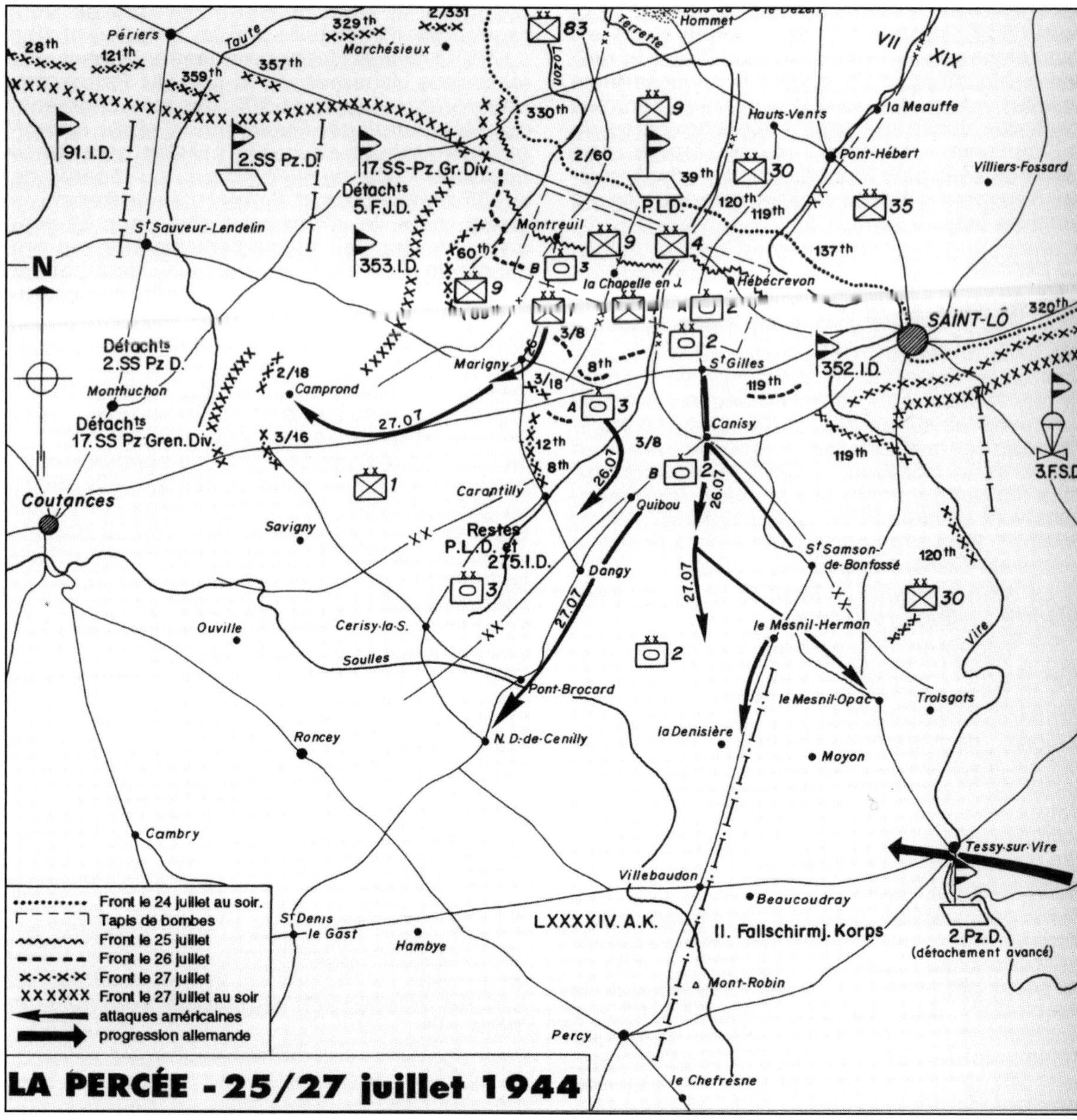

Sur cette carte, nous voyons la brèche ouverte dans le front allemand avec la ruée de la *3rd AD* à l'ouest et de la *2d AD* à l'est, accompagnées respectivement des *9th* et *4th AD.* Nous retrouvons les trois villages détruits et, en avant, Marigny et Saint-Gilles. (Heimdal.)

Devant ces bonnes nouvelles, le *Maj.Gen.* Collins doit prendre une décision quant à l'utilisation de ses blindés. Il craint que l'engagement des chars ne congestionne le champ de bataille (comme cela avait été le cas dans la tête de pont de Saint-Fromond) et le rôle imparti à ses divisions blindées consistait à élargir en profondeur la brèche après son exploitation par l'infanterie. Devant le développement maintenant rapide de la situation et la disparition des Allemands sur toute une portion du champ de bataille, il décide de lancer ses chars. Le *Major General* Clarence R. Hubner *(1st Inf. Div.)* doit dégager les carrefours pour le **CCB** (Boudinot) de la **3rd Armd. Div.** qui passe à travers les lignes de la *9th Inf. Div.* et atteint **Marigny**. Près de cette localité, les Américains se heurtent à deux compagnies de la division « **Das Reich** » (appuyées par quelques chars *Panzer IV* et quelques canons antichars de 75 mm) et des éléments de la **353. ID**. Plus à l'est, le **CCA** de la **2d Arm. Div.** débouche de **Saint-Gilles**. Bénéficiant du nettoyage déjà opéré dans le secteur par les hommes de la *30th Inf. Div.*, les chars de la *2d Arm. Div.* progressent assez rapidement vers Canisy, plus gênés par les trous de bombes que par la résistance adverse. A **Canisy**, le **CCA** de la *2d Arm. Div.* est divisé en deux colonnes : l'une d'entre elles oblique vers la cote 122 en direction du Mesnil-Herman et l'autre vers **Saint-Samson-de-Bonfossé** qui est atteint sans combat avant minuit.

Ainsi, cette nouvelle journée amène la percée si attendue et permet même « l'exploitation » avec l'engagement des chars. Au sud-est, dans le secteur de la *30th Inf. Div.* et de la *2d Arm. Div.*, les lignes américaines se sont déplacées d'une douzaine de kilomètres devant un gouffre béant où le front allemand n'existe plus. « Cobra » a réussi.

Plus à l'ouest, dans le secteur du *VIII Corps* du *Maj.Gen.* Middleton, les **79th** et **8th Inf. Div.** ont pris **Lessay** à la **243. Inf.-Div.** allemande et une bande de terrain à la « **Kampfgruppe** » de la **91**[e]. Pour éviter l'encerclement qui se prépare, le général von Choltitz donne l'ordre aux unités de l'aile gauche de son corps d'armée de se replier sur Coutances, puis Bréhal et Gavray où une deuxième ligne de défense doit être établie.

Breakthru ! - La percée

Cette photo, prise par George Greb au début de l'opération *Cobra*, symbolise bien ce que sera la future offensive, elle sera « furieuse » comme l'indique le nom de ce tank. (Heimdal.)

Ainsi que nous l'avons vu, après le tapis de bombes qui a fait exploser le front allemand, les unités américaines d'infanterie ont réussi à s'infiltrer au-delà des positions allemandes, avec pour premier objectif la route Lessay-Saint-Lô. Les Allemands n'ont pas de réserve, ils ne pourront que ralentir, pour peu de temps, les avant-gardes américaines. Les tanks attendent, derrière l'infanterie, de se ruer enfin à travers le bocage normand. Contrairement à l'opération britannique *Goodwood* qui a échoué, par manque d'infanterie, les Américains ont d'abord envoyé leur infanterie, deux divisions (la 9e et la 30e), pour sonder la réalité des positions allemandes ayant survécu à l'enfer venu du ciel, ouvrant ainsi le couloir aux tanks qui pourront se ruer dans la brèche. Deux nouvelles divisions d'infanterie, qui avaient débarqué le 6 juin, la 1re et la 4e, entrent dans la danse avec deux divisions blindées, *Hell on wheels* (2e) et *Spearhead* (3e) : ce sera le *breakthru !*

4 La percée du 26 juillet

Revenons plus en détails sur les moments décisifs de cette journée du 26 juillet évoqués rapidement à la fin du chapitre précédent. La *Panzer-Lehr-Division* a été la première victime du tapis de bombes. Dès **7 heures**, le *CCA* (*Brigadier General* Rose) de la *2d Armored Division* a franchi la route Saint-Lô/Périers afin d'attaquer vers le sud avec le *22d Infantry Regiment* (colonel Lanham) de la *30th ID,* lui servant d'infanterie d'accompagnement. Ils avaient pour mission de s'emparer de Saint-Gilles, à l'aile droite de la *Panzer-Lehr-Division*. Au nord de cette localité, après la perte du village ruiné d'Hébécrevon, l'*Oberstleutnant* Welsch, *Kommandeur* du Régiment 902 de la PLD, avait réussi à établir un verrou défensif, avec quelques Panzer IV de la *II./Panzer-Lehr-Regiment 130*, de l'artillerie et les débris du *Fallschirmjäger-Regiment 15* de l'*Oberst* Gröschke. Des grenadiers avaient alors lancé une contre-attaque et réussi à détruire un Sherman mais la progression américaine n'avait pu être contenue. Les blindés du *CCA* du *Brigadier* Rose et les chasseurs-bombardiers, les terribles *Jabos*, ont fait sauter cet ultime verrou, les tanks s'approchent de **Saint-Gilles** ; ils y pénètrent vers **13 heures**.

Sur l'aile droite (à l'ouest) de la zone de progression américaine, c'est la célèbre « *Big Red One* », la *1st Infantry Division* du *Major General* Huebner, qui avait subi de lourdes pertes sur *Omaha Beach* le 6 juin, qui part à l'attaque. En face, ce sont les débris de l'autre régiment de grenadiers de la *Panzer-Lehr-Division*, le Régiment 901 qu'elle va rencontrer. Elle a Marigny pour objectif. Son *18th Infantry Regiment* (colonel Smith) sert d'infanterie d'accompagnement au *CCB (Brigadier General* Boudinot*)* de la *3rd Armored Division (Major General* Watson). Là aussi, l'attaque a commencé à **7 heures**. Le *18th Infantry Regiment* a tout d'abord traversé le front de la *9th Infantry Division* qui se trouvait en première ligne. Le *VII Corps* américain dispose en effet de forces considérables : six divisions dont deux blindées face aux débris de la *Panzer-Lehr-Division* et de quelques régiments de paras. Le rapport de forces est plus qu'écrasant. La victoire est assurée pour les Américains car, contrairement à l'opération *Goodwood* où les Allemands avaient établi des positions antichars en profondeur, il n'y a plus rien, pas de réserves derrière les restes de la division du général Bayerlein ! Le front allemand a explosé. Ainsi, derrière les *9th ID* et *30th ID* qui tenaient la ligne de front (voir croquis) les réserves passent à l'attaque : un régiment d'infanterie de la *4th ID* avec le *CCA* de la *2d AD* à l'est, comme nous l'avons vu, et un régiment infanterie de la *1st ID* avec le *CCB* de la *3rd AD* ici, à l'ouest, avec d'autres *Combat Commands*, des blindés et régiments d'infanterie en réserve !...

Ainsi, le *18th Infantry Regiment* et le *CCB* ont pris la direction de Montreuil, qu'ils ont dépassé. En prenant la direction du sud, à un kilomètre après cette localité, le *CCB* s'est heurté à une position défensive tenue par quelques grenadiers du Régiment 901, soutenus par deux *Sturmgeschütze* de la *Panzerjäger-Lehr-Abteilung 130* et deux pièces de Pak. Mais, comme le rappelle Jean-Claude Perrigault dans son historique de la *Panzer-Lehr-Division* : « *Ici encore, il faudra que les Jabos interviennent pour venir à bout de cette poignée de braves !* » Cependant, pour s'opposer à ce début de percée, une contre-attaque de flanc devait être lancée par le *Grenadier-Regiment 941* de la *353. Infanterie-Division*, depuis l'ouest en direction de La Chapelle-en-Juger. Mais le régiment arrivé jusqu'à La Butte à quatre kilomètres à l'ouest du village ruiné, vers **8 heures**, ne peut avancer plus loin. Le *18th Infantry Regiment* va alors poursuivre son avance vers **Marigny**, avec le *CCB 3*. Mais au nord-ouest de ce bourg, il est confronté à une position établie par la *I./Panzer-Artillerie-Regiment 130*. Le combat commence vers **midi**. Les artilleurs du *Major* Sporkhost vont combattre là avec courage comme des fantassins. Ils résisteront, avec des pertes sensibles jusque vers 18 h 30. Les survivants de ce groupe d'artillerie réussiront ensuite à se replier vers le sud.

Le colonel Smith et ses fantassins du *18th IR* arrivent, entre-temps, sur la cote 112, au nord-ouest de Marigny. Mais ils vont subir une contre-attaque lancée depuis l'Hôtel Menant, lieu-dit situé à 1,5 kilomètre au nord de Marigny. Elle est constituée par deux compagnies de panzers du *SS-Panzer-Regiment 2 (« Das Reich »)*, quelques pièces antichars et des éléments de la *353. Infanterie-Division*. Les blindés du *CCB 3* ne parviennent pas à contourner cet obstacle qui ne sera neutralisé par les *Jabos* qu'en fin d'après-midi.

Le *Major General* Collins (chef du *VII Corps*) ayant appris vers 13 heures le succès du *CCA* du *Brigadier* Rose sur son aile gauche (à l'est), demande à ce dernier de continuer à progresser sur Canisy. Cependant, là encore, malgré le terrible impact du bombardement, quelques unités allemandes tentent, avec l'énergie du désespoir, de constituer une ligne défensive afin d'espérer endiguer la ruée américaine. Le lieutenant-colonel Welsch, *Kommandeur* du Régiment 902, a constitué une ligne défensive dans ce secteur avec quelques grenadiers survivants de son régiment et quelques chars Panther de la *4./Panzer-Regiment 6*, placés sous les ordres du *Hauptmann* Jahnke. Citons J.C. Perrigault (*La Panzer-Lehr-Division*, Heimdal, p. 281) : « *Un violent combat éclate pour interdire aux Américains de longer le remblai de chemin de fer qui passe au nord de Canisy. Il faudra une fois de plus l'intervention des* Jabos *pour détruire les "Panthers", permettre l'enveloppement du verrou défensif et d'anéantir en partie le groupe de grenadiers qui s'y cramponnait. Le* Leutnant *Schäfers, chef de section à la* 4./Panzer-Regiment 6*, est tué au cours de l'attaque. A la* ***tombée de la nuit****, Canisy tombe aux mains américaines.* »

Mais, dans ce secteur, les unités du *CCA* du *Brigadier* Rose ont été réparties en deux colonnes. L'une s'est dirigée vers le Mesnil-Herman, l'autre vers **Saint-Samson-de-Bonfossé**, vers le sud-est. Les chars de la seconde colonne entrent vers **23 heures** dans cette localité, au sud de Saint-Lô. Cependant, la première colonne va être stoppée par une contre-attaque. L'*Aufklärungs-Abteilung 12*, aux ordres du *Hauptmann* Götsche, et qui est le groupe de reconnaissance du *II.Fallschirmjäger-Korps*, était parvenue, quelques heures auparavant au carrefour de la Croix-à-Main, à l'entrée du **Mesnil Herman** (sur la route Saint-Lô/Percy. Là, elle détruit un char Sher-

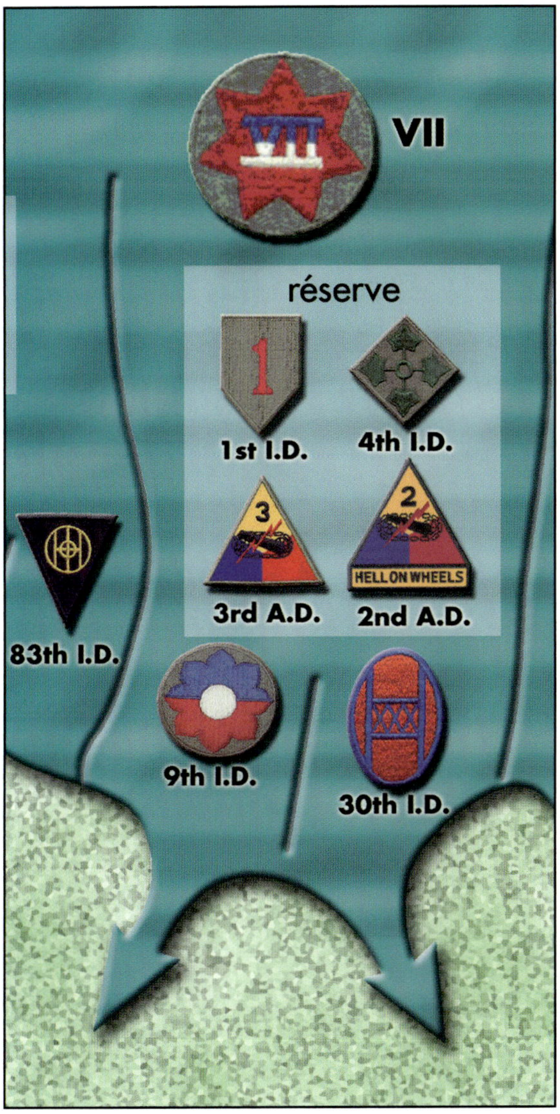

1

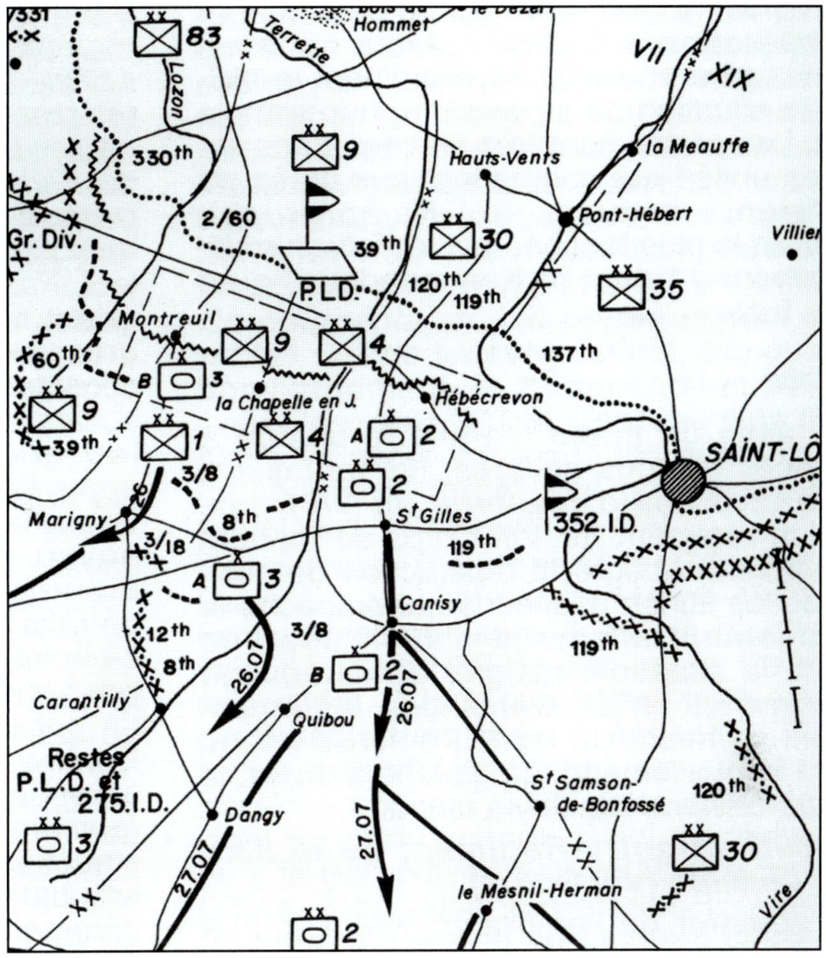

2

1. Ce croquis montre les forces mises à la disposition du *VII Corps* pour le *Breakthru* de *Cobra*. Deux divisions d'infanterie sont en première ligne et occupent le terrain le 25 après le premier bombardement. Ce sont la 9ᵉ (qui a subi de lourdes pertes lors du bombardement) et la 30ᵉ. Elles préparent la base de départ ce jour-là. Le 26, la 30ᵉ avance et va dégager ensuite vers le sud-est, en flanc garde au sud de Saint-Lô, cédant le passage à une division blindée, la 2ᵉ et à une autre division d'infanterie, la 4ᵉ, qui l'accompagne. A l'ouest, l'autre division blindée, la 3ᵉ, et une autre division d'infanterie, alors tenue en réserve, la 4ᵉ, passent à travers les lignes de la *9th ID* pour avancer vers le sud. (Heimdal.)

2. Ce détail nous montre la zone du tapis de bombes avec les villages de Montreuil, de La Chapelle-en-Juger et Hébécrevon, détruits et occupés rapidement par les unités de première ligne après le tapis de bombes. La *30th ID*, se scindant en deux colonnes à partir de Canisy : vers Le Mesnil-Herman et Saint-Samson-de-Bonfossé. Au centre, la *4th ID* avance son *8th IR* (principalement le *3/8*). A l'ouest, le *CCB* de la *3rd AD*, accompagné du *18th IR* de la *1st ID,* atteint Marigny dans la soirée en étant passé à travers les lignes de la *9th ID* qui passera en flanc de garde à l'ouest le lendemain. (Carte Heimdal.)

3. Près de Marigny, un GI distribue aux civils du pain récupéré dans un camion allemand abandonné.

man, stoppe cette colonne et sauve, à la dernière minute, le PC du *Generalleutnant* Kraiss, qui commande les débris de la *352. Infanterie-Division* qui avait défendu *Omaha Beach.*

Au centre, le *8th Infantry Regiment* du colonel Rodwelle (unité de la *4th ID*) avait quitté sa base de départ d'Amigny pour occuper La Chapelle-en-Juger dès la veille à minuit et, tôt dans cette matinée du 26, il avait poursuivi son attaque vers le sud en suivant le cours de la Terrette. Vers 18 heures, il avait traversé la route Saint-Lô/Coutances et, **dans la soirée**, il atteint la région de **Quibou**.

Dans **Marigny**, le *18th IR* et le *CCB 3* sont confrontés à des grenadiers du Régiment 901 et à des paras du *Fallschirmjäger-Regiment 13* du comte von der Schulenburg. Ce régiment de paras est très amoindri après les lourdes pertes qu'il a subies. Ainsi, le bataillon du *Hauptmann* Meuth qui alignait 800 hommes, n'en compte plus qu'une centaine. Le bourg est finalement pris dans la **soirée** et cette nouvelle arrive au *VII Corps*. Ainsi, le colonel Smith reçoit l'ordre d'envoyer un de ses bataillons du *18th IR* afin d'occuper la cote 100 et de verrouiller le carrefour du Poteau. Ce bataillon envoie un message peu avant **minuit** pour rendre compte que la hauteur est tenue. Mais, en fait, les hommes se sont égarés dans l'obscurité et ils se trouvent plus à l'est, vers Saint-Léger, pensant avoir encerclé les derniers défenseurs allemands. Il reste ainsi à ces derniers une route de repli vers le sud.

3

M8 75 mm HMC détaché auprès du *82d Armored Reconnaisance Battalion* de la *2d Armored Division*. Cet obusier de 75 mm est ici équipé d'un coupe-haies à l'avant. (Peinture Julio Lopez Caeiro.)

Les missions antichars de l'armée américaine en France sont confiées principalement au *Tank Destroyer M10*, jusqu'à l'arrivée des M18 et M36 après la bataille de Normandie. Ici, un *M 10 TD* de fabrication intermédiaire du *612th US Tank Destroyer Battalion*. (Peinture Julio Lopez Caeiro.)

Le M16 correspond à un semi-chenillé M3 équipé d'un affût anti-aérien Maxson avec quatre mitrailleuses M2HB de 12,7 mm, comprenant un siège pour le tireur, deux optiques circulaires pour le pointage, un bouclier blindé à l'avant et un petit générateur permettant de faire tourner la pièce ou de l'élever sans que le moteur de l'engin soit en marche. Cet engin a été fabriqué à 2 876 exemplaires sans compter les 777 unités résultant de la transformation d'autres semi-chenillés. (Peinture Luis Fresno Crespo.)

Le M15 est un semi-chenillé M3 équipé d'un canon automatique M1A2 de 37 mm et de deux mitrailleuses Browning M2HB de 12,7 mm. 680 M15 et 1 652 M15A1 ont été fabriqués. Ces deux versions sont pratiquement identiques sauf que le M15 a les mitrailleuses au-dessous du canon et les M15A1 en dessous. (Peinture Luis Fresno Crespo.)

Hébecrevon

1 et **2.** Les fantassins de la *30th Infantry Division* se sont emparés des ruines du village de Hébécrevon dès le 25 juillet au soir. Ce village est situé sur la route Saint-Lô/Périers, essentiellement au sud de celle-ci. Il a été complètement détruit par le tapis de bombes. Des fantassins et des artilleurs de la compagnie « K » du *120th Infantry Regiment* de la *30th I.D.* viennent de franchir le carrefour, sur cette photo, et avancent vers le sud en passant devant l'église détruite. On remarquera, sur la droite, la petite maison construite entièrement en terre, comme la plupart des constructions de cette région marécageuse où la pierre est rare. (8888)

3 et **4.** Le photographe a dépassé l'église (que nous voyons maintenant sur la gauche) et s'est retourné pour photographier ces hommes de la division qui progressent vers le sud. Leur unité va aujourd'hui avancer très rapidement à travers un front allemand qui s'est volatisé. (8892)

5. En remontant de quelques mètres vers le nord, on revoit la petite maison de terre déjà aperçue sur la photo **1** puis, dans le fond, une grande maison construite le long de la route nationale : la direction de Saint-Lô est sur la droite, celle de Périers sur la gauche. (8887)

6. Hébécrevon en 1984 : cette photo est prise depuis l'église. Une solide maison (sur la gauche) a remplacé la petite maison de terre. On aperçoit au fond la grande maison établie au carrefour ; à peine modifiée depuis 1944. (Heimdal.)

5

7, 8 et **9.** Le calvaire et les tombes mutilées du cimetière. (E.G./Heimdal.)

6

7

8

9

1

Secteur de la 2d Armored Division

7

8

4

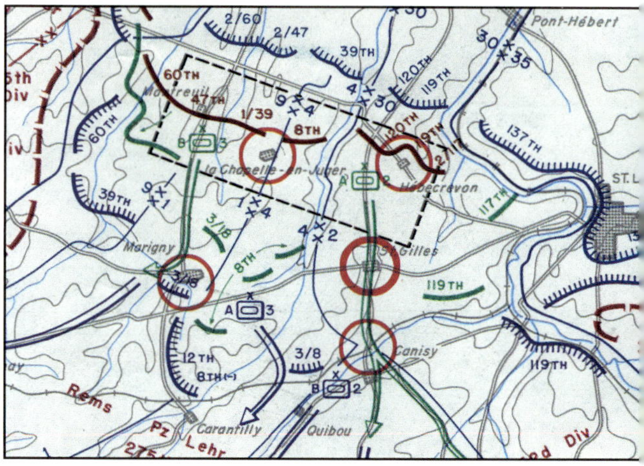

2

3

Saint-Gilles, 2d Armored Division

1. La veille, la *30th Infantry Division* a avancé rapidement, vers Saint-Gilles, important carrefour routier. Les colonnes motorisées de la *30th Division,* suivies par les colonnes blindées de la *2d Armored Division,* arrivent maintenant du nord pour traverser ce carrefour stratégique et la route Saint-Lô/Coutances, plein sud, vers Canisy. On aperçoit ici les restes de deux Panzer IV de la *Panzer-Lehr-Division*. Celui de droite a explosé sous l'impact des bombes lourdes. Il appartenait à la IIIe section de la 5e compagnie du régiment de chars de cette division, comme l'indiquent les chiffres peints sur la tourelle. Ses restes encombrent encore le carrefour. (NA/ Heimdal.)

6

2. Sur cette seconde photo, presqu'au même endroit (la maison ruinée du fond était visible sur la droite de la photo précédente), nous voyons un bulldozer en train de dégager le carrefour. Il a repoussé les restes du Panzer IV de la 5e compagnie déjà vu et ceux d'un autre Panzer IV de la 8e compagnie. (D.F./ Heimdal.)

3. La plupart des maisons situées au nord de la route ont été détruites et reconstruites en pierre locale comme on le voit ici. On distingue le carrefour entre deux maisons sur la gauche. (E.G./Heimdal.)

4. Maison de Saint-Gilles ayant échappé au bombardement de 1944, dans son architecture typique : mur d'argile (masse) sur un soubassement de pierre (schiste), comme la maison de la photo **2**. (E.G./Heimdal.)

5. Un véhicule blindé de la *2d Armored Division* passe à côté de la grande église de Saint-Gilles bâtie sur le côté sud de la route Saint-Lô/Coutances. (NA/Heimdal.)

6. L'église a été restaurée. (E.G./Heimdal.)

7. Plaque commémorative sur l'un des contreforts de l'église. (E.G./ Heimdal.)

8. Au sud du village, maison typique et partie intacte du clocher de l'église. (E.G./Heimdal.)

5

Saint-Gilles et Canisy.

1, 2, 3. Ces trois photos complètent le reportage réalisé au carrefour de Saint-Gilles, près de l'église, le 27 juillet, avant que le bulldozer ne dégage ce carrefour. On retrouve la tourelle du « 532 », en particulier devant le parvis de l'église.

4. Photo aérienne de Saint-Gilles prise en regardant vers le nord avec la route par où les Américains sont arrivés, avec Hébécrevon dans le fond vers la droite et la Chapelle-en-Juger dans le fond à gauche. Sur cette photo, débloquée par la censure du SHAEF le 1er août 1944, le carrefour est déjà complètement dégagé.

5. Cette photo aérienne de Canisy nous montre le carrefour où se trouvait l'auto-mitrailleuse que nous verrons plus loin.

6. Un char Sherman équipé d'un coupe-haies a dévalé une pente près de Canisy. Des hommes du Génie se préparent à le sortir de ce mauvais pas.

(US Army et D.F./Heimdal.)

Secteur de la 2d Armored Division

4

5

26 juillet. La *4th Infantry Division* traverse la Chapelle-en-Juger, important point de passage.

1 et **2.** Dans la nuit du 25 au 26, des patrouilles de la *4th Infantry Division* se sont déjà infiltrées dans la Chapelle-en-Juger, petite localité située à un carrefour de routes. Elle a été presque anéantie par le tapis de bombes. Dès l'aube, le *8th Infantry Regiment (4th ID)* s'assure du carrefour, traverse la localité et continue vers le sud, éliminant quelques points de résistance. Nous voyons ici une automitrailleuse M8 et un half-track arrivant du nord, du Hommet d'Arthenay, en passant devant le chœur ruiné de l'église. Actuellement, le monument de la Première Guerre mondiale, que nous voyons ici, a disparu. Un habitant de la localité nous a affirmé que la statue du « poilu » a été enterrée devant le chœur de l'église, sous un dallage évoquant les combats de 1944...

4th Infantry Division

Secteur de la 3rd Armored Division

3. Un peu plus tard, un MP règle la circulation, à côté du « poilu » et devant la grande baie du chœur de l'église dévastée et qui sera entièrement reconstruite.

4. Cette nouvelle photo est prise depuis le carrefour, au sud du chœur de l'église. Le tas de décombres, que nous voyons derrière le char Stuart venant du nord, est le même que celui que nous avions vu sur la droite de la photo **1**. La grande maison que nous apercevons dans le fond, alors presqu'intacte, existe toujours.

Sous-casque de la *4th Infantry Division*.

4

6

5 et **6.** Depuis le cimetière de l'église, le photographe nous montre l'arrière de la statue du « poilu ». Une ambulance arrive, à gauche, du nord. La grande maison, au fond à droite, derrière le poteau de bois, borde la rue menant vers l'est, vers Hébécrevon.

(NA/Heimdal - E.G./Heimdal.)

5

3rd Armored Division

1

Marigny 26 et 27 juillet, 1st Infantry Division, 3rd Armored Division

1. Dans la foulée des chars de la *3rd Armored Division*, les fantassins entrent dans Marigny le 26 juillet en fin de journée. On aperçoit des signes tactiques allemands sur le poteau à droite : tout en haut celui de la *2. SS-Panzer-Division « Das Reich »* et, en bas, la direction de la *Kampfgruppe Heintz.* On aperçoit dans le fond la place de l'église avec la graineterie et la boulangerie que nous verrons sur les photos des pages suivantes. (D.F./Heimdal.)

2. Sur la place de l'église, un GI passe près d'un canon allemand de 105 mm abandonné, une *10,5 cm leichte Feldhaubitze 18,* obusier très utilisé dans les régiments d'artillerie allemands. L'église domine la place. Photo prise le 28 juillet. (D.F./Heimdal.)

3. Les maisons détruites ont été reconstruites. Les panneaux routiers indiquent la direction du nord, d'où les Américains sont arrivés : Saint-Sauveur-Lendelin et le cimetière militaire allemand implanté maintenant au nord de la localité. (E.G./Heimdal.)

4. En avançant et en se retournant vers le nord, on aperçoit à nouveau le canon au pied des maisons détruites.

2

3

6

4

7

5

(D.F./Heimdal.)

5. Sur cette photo, prise avec un peu plus de recul, le génie américain a dégagé les décombres qui s'étalaient sur la rue, gênant la circulation. L'obusier de 105 mm a été repoussé au milieu des décombres (on aperçoit son canon) qui ont été rassemblés à côté de l'église. La maison qui gênait dans le virage est dynamitée ce 29 juillet, soulevant un nuage de poussière. (D.F./Heimdal.)

6. Actuellement, les maisons de gauche ont survécu à la guerre. (E.G./ Heimdal.)

7. Rare photo en couleur prise en 1944 montrant l'obusier de 105 mm au milieu des décombres. (U.S. Army.)

1

3

Marigny 26 au 28 juillet, 9th Infantry Division, 3rd Armored Division, 1st Infantry Division

1. Le CCB de la *3rd Armored Division* et la *1st Infantry Division* traversent maintenant Marigny avant de poursuivre plein ouest, vers Coutances. Depuis l'église, le correspondant de guerre a pris une photo de la place. Nous retrouvons l'alimentation générale de M. Deshayes déjà vue à la page précédente. Sur la gauche, ce sont la graineterie, la boulangerie et la boucherie Pacary. (DAVA/Heimdal.)

2. Un GI se repose à côté de la boulangerie Benoist, photo prise le 28 juillet par le correspondant de guerre Spangle. (D.F./Heimdal.)

3. Actuellement, une banque a remplacé la graineterie. (E.G./Heimdal.)

4. Le 26 juillet, la *A Company* du *296th Engineers, 111th Engineer Combat Group* est au travail pour dégager les décombres (voir aussi les photos des pages précédentes). (NA/Heimdal.)

5. L'intérieur de l'église montre les dégâts occasionnés par le tir de barrage américain qui est tombé sur la localité. Alors que la façade est quasiment intacte, le bas-côté sud (sur la droite de la photo) a été écrasé par les obus. Photo prise le 28 juillet par le correspondant de guerre Petrony. (D.F./Heimdal.)

6. Actuellement, le bas côté sud est restauré. (E.G./Heimdal.)

7. L'armée américaine traverse Marigny et un drapeau tricolore a été accroché sur la façade de la boulangerie Benoist. Au pied de cette boutique : des piquets et des barbelés allemands. (NA/Heimdal.)

8. Casque de la *3rd Armored Division* portant en décalque l'emblème de cette division.

9. Casque portant l'emblème de la *1st Infantry Division* peint à l'avant avec le « grand 1 rouge ».

2

8

4

5

6

9

7

Le 26 juillet, la percée.

1. Près de Sainteny, des observateurs de la *83rd Infantry Division* (noter le badge de cette division cousu sur la manche du sous-officier sur la droite - c'est un triangle noir avec les lettres « Ohio » en jaune, entrelacées) transmettent des indications, reçues d'un poste avancé, à une batterie de mortiers. De gauche à droite : le *1st Lt.* Robert Saettler de Clifton dans le New Jersey, le *S/Sgt* E. Talke de Mineral City dans l'Ohio et le *S/Sgt* Dick Weaver de Chambersburg en Pennsylvanie. Ils appartiennent à la compagnie « D » du *329th Infantry Regiment* de *83rd Division* qui fait partie du *VII Corps* pour l'offensive, face aux deux divisions de Waffen-SS dans le secteur de Marchésieux.

83rd ID

4th ID

2. Au centre, face au secteur de Marigny, l'artillerie appuie les premières lignes. L'artilleur de première classe *(Pfc)* Tony Andenucio enfourne le « 50 000e obus » tiré par sa batterie depuis qu'elle a ouvert le feu la première fois contre les Allemands. Cette unité participa aux campagnes de Tunisie (où elle entra en action à El Guettar) et de Sicile et fut parmi les premières unités à débarquer en Normandie. Il est fort probable que la pièce de Tony Andenuccio appartienne à l'un des groupes d'artillerie de la *9th Infantry Division*. Il s'agit d'un obusier de 105 mm. Il illustre bien la supériorité alliée en artillerie.

3. Toujours au centre *(VII Corps)*, la *4th Infantry Division* est maintenant passée en tête avec la *2d AD*. Nous voyons ici un radio chargé de son appareil portable. L'insigne de la division est bien reconnaissable sur la manche d'un des soldats.

4

5

6

4. Une jeep sanitaire de la *4th Division* passe à côté d'un char Sherman de la *2d Armored Division* bien camouflé avec du feuillage.

5. Un tankiste de la Waffen-SS (probablement du *SS-Panzer-Regiment 2 « Das Reich »*), prisonnier, est ramené sur le capot d'une jeep. Ce régiment de chars a été moins durement frappé que celui de la *Panzer-Lehr-Division* et sauvera une bonne partie de ses engins. Notons le crucifix accroché à l'avant de la jeep.

6. Un fantassin d'une unité de Waffen-SS, blessé, est soigné par un *Medic*.

(Photos NA et D.F./ Heimdal.)

26 juillet, l'exploitation.

1. Des hommes de la *4th Infantry Division* arrivent de la base arrière, à l'ouest du Désert, pour renforcer les troupes qui sont déjà en ligne et avancent de manière satisfaisante. Le panneau routier indique Le Désert, Pont-Hébert et Saint-Jean-de-Daye sur la gauche et le Hommet-d'Arthenay, leur direction, sur la droite. Ils quittent donc la D8 pour la D98 qui les mène vers la Chapelle-en-Juger, leur objectif.

1

2

3

2. Débouchant du bocage, au nord de la route Saint-Lô/Périers, des fantassins américains vont s'enfoncer dans le front allemand pulvérisé sous les bombes.

3. Une colonne de la *30th Infantry Division* s'avance vers Saint-Gilles, dépassée par un char de la *1st Army* qui vient appuyer leur progression, ici un *M3 Medium Tank General* Lee armé d'un canon de 75 mm en casemate et d'un 37 en tourelle.

4. Le *General* Eisenhower vient féliciter des soldats pour leurs combats lors de la première journée de « Cobra ».

5. Le *Lt. Gen.* Collins décide alors de lancer ses blindés. Près de la route Saint-Lô/Périers, des renforts montent vers le front, la grande offensive va déboucher aujourd'hui.

6. Ici des chars Sherman du *66th Armored Regiment* de la *2d Armored Division*, sur le flanc oriental, sur la route de Saint-Gilles, foncent plein sud. L'infanterie d'accompagnement est montée sur les engins. L'un des GI's porte des lunettes de soleil.

7. Plus loin, d'autres Sherman, avec leurs chargements de fantassins, passent à côté de l'emplacement d'une batterie d'artillerie, on voit des douilles d'obus abandonnées. Cette photo a été transmise à Londres depuis le front par radio-téléphone. C'est donc l'une des premières photos de cette offensive arrivée en Angleterre ; on distingue les stries de balayage.

(US Army et NA/Heimdal.)

4

5

6

7

26 et 27 juillet 1944. « Cobra » lance ses chars à travers le bocage.

1. Les servants d'un mortier de 4,2 pouces (105 mm) « rentrent la tête dans les épaules » au départ d'un obus fumigène, 26 juillet.

2. Outre les mortiers, d'autres armes lourdes appuient l'infanterie dans son offensive. Le soldat Sam J. Abbott de Chicago est derrière sa mitrailleuse, 27 juillet.

3. Des chars T.D. M 10 (Tank Destroyer) attendent dans un clos leur ordre d'engagement. Ce sont les plus dangereux adversaires des chars allemands.

4. Opération combinée. Un half-track avance dans le terrain ravagé par les bombardements tandis que, dans le ciel, deux P-47 « Thunderbolts » viennent appuyer ce secteur de l'opération terrestre de « Cobra ».

5. Photo aérienne montrant la nature du bocage que les troupes américaines doivent traverser. On remarque les haies successives qui constituent des obstacles se répétant à l'infini. Des chars progressent sur la route, d'autres franchissent les haies à travers des trouées.

(Photos Nat. Archives et US Army - Collection Heimdal.)

5 — 27 juillet - l'exploitation

Un blindé de reconnaissance M8 du *C Squadron* du groupe de reconnaissance de la *2d Armored Division* entre dans le bourg de Canisy le 27 juillet. Curieusement, il porte le nom *Colbert*. Il se trouve alors près de l'église, des immeubles qui viennent de subir les tirs de l'artillerie américaine sont en feu. (NA.)

Soirée dramatique pour le commandement allemand

Le **26 juillet au soir**, la situation est dramatique pour les Allemands. L'avance américaine, même si elle peut sembler modeste, a acquis une solide tête de pont dans un front béant, après avoir traversé deux routes importantes (Saint-Lô/Lessay et Saint-Lô/Coutances), après la prise des bourgs de Marigny, de Saint-Gilles et de Canisy, et des pénétrations plus importantes vers le sud-est, jusqu'à la route Saint-Lô/Avranches. Les Allemands ont souvent montré qu'ils pouvaient réagir très vite et rétablir des lignes défensives dans des situations désespérées. Mais ce n'est pas possible ici, il n'y a pas de moyens suffisants comme le rappelle le rapport journalier du la (officier opérations) de la *Panzer-Lehr-Division* envoyé ce 26 juillet au soir au *LXXXIV. Armeekorps* (voir Choltitz. Ces quelques extraits sont éloquents : « *L'attaque ennemie fut appuyée en permanence par de puissants tirs d'artillerie dirigés par de nombreux avions d'observation d'artillerie et par des attaques incessantes de Jabos et d'avions volant en rase-mottes. Même très loin dans l'arrière-pays, des patrouilles sont effectuées par des centaines de chasseurs ennemis qui surveillent toutes les routes et les chemins et arrêtent toute circulation par des attaques à basse altitude. Ainsi, pas un seul véhicule et même pas les plus petits détachements de troupe ne peuvent emprunter la route sans être anéantis. La division a organisé une résistance provisoire sur la "ligne jaune". Toutefois, les forces sont si faibles qu'il faut s'attendre à une percée à tout moment. Les pertes totales en chars, chasseurs de chars et celles de 5 000 hommes de personnel pendant les 48 jours d'un dur combat ininterrompu sont si élevées et le remplacement envoyé, mal instruit sans expérience du combat, est tellement insuffisant qu'il ne faut plus attribuer à la division de force en infanterie et en chars digne de ce nom. Dans des rapports précédents de commandant en chef, j'ai déjà fait observer qu'on pourra s'imaginer exactement le moment où, en raison des pertes inévitables de la bataille de matériel menée avec des forces aussi inégales, il n'existera plus de panzergrenadiers ni de pionniers. Ce moment est maintenant arrivé, à moins que des forces ne soient acheminées au plus vite à la division.* » (KTB, Ia, Tagesmeldung vom 26.7.1944). Bien plus, des chars américains, progressant vers Canisy, étaient parvenus à quelques centaines de mètres du PC de la division en fin d'après-midi. Celui-ci se dégage en catastrophe pour s'installer près de Dangy, à 5 kilomètres au sud-ouest de Canisy. Paul Carell, qui a souvent privilégié les effets dramatiques dans son célèbre « *Ils arrivent* », dépeint une soirée particulièrement dramatique. Il décrit l'arrivée au PC de la division, vers **18 heures** de l'*Oberstleutnant* von Kluge (l'un des fils du maréchal von Kluge, qui commande la *7. Armee*), apportant un message de son père au général Bayerlein : « *Mon général,* dit-il gravement, *le Maréchal exige que la ligne Saint-Lô/Périers soit tenue à tout prix. Un silence glacial. Kauffmann ne quitte pas Bayerlein des yeux. Le Major Wrede* (le IIa) *regarde par la fenêtre d'un air détaché. La ligne Périers/Saint-Lô doit être tenue, répète Bayerlein doucement, puis-je vous demander avec quoi ? L'*Oberstleutnant *laisse passer la question. C'est un ordre que je vous apporte, mon général, répond-il, vous devez tenir à tout prix. Aucun homme ne doit abandonner la position. Et, comme pour s'excuser, il ajoute : un détachement de chars "Panthers" des SS va, pour vous soulager, être engagé dans le flanc des "Américains". Bayerlein regarde fixement l'officier de liaison. Un silence de mort, paralysant, règne dans la pièce... Il s'accoude à la table et parle lentement, posément, mais chacune de ses paroles tombe dans le silence avec le poids d'une montagne : Mon colonel, vous pouvez être assuré que tout le monde tiendra ; tout le monde. Les grenadiers tiendront dans leurs tranchées, me pionniers aussi, et mes chasseurs de chars. Ils tiendront. Aucun n'abandonnera la position. Ils sont tous morts, entendez-vous ? Et Bayerlein s'est rapproché de l'officier. Vous direz de ma part au maréchal, que la* Panzer-Lehr-Division *n'existe plus, qu'elle est anéantie, mais que ses morts peuvent encore tenir, et que je tiendrai avec eux jusqu'au bout, puisqu'il l'ordonne* ». (*op. cit.*, pp./ 324-325). Et pour ajouter à la situation dramatique, une formidable détonation fait alors voler en éclats les vitres de la ferme,

Les paras de la *5.Fallschirmjäger-Division*

Emblème de la *5. Fallschirmjäger-Division*

Lors des combats menés à la base de la Presqu'île du Cotentin, jusqu'à l'opération *Cobra*, on évoque principalement, du côté allemand, la *Panzer-Lehr-Division,* la *17.SS-Panzergrenadier-Division « Götz von Berlichingen »*, la *2. SS-Panzer-Division « Das Reich »* et le *Fallschirmjäger-Regiment 6* de von der Heydte. On oublie généralement, car moins documentés, les combats menés par les paras de la *5. Fallschirmjäger-Division*, pourtant huit officiers de cette division sont, ou seront, détenteurs du prestigieux *Ritterkreuz*. Ainsi l'*Oberst* Kurt Gröschke **(1)**, né le 17 juillet 1907, commande, depuis le 24 juillet 1944, le *Fallschirmjäger-Regiment 15.* Il est déjà détenteur de la croix allemande en or (attribuée le 11 août 1943) et du *Ritterkreuz* (depuis le 9 juin 1944). Venant d'Italie, où il a combattu sur le Sangro, il vient de prendre son commandement où il s'illustre aussitôt car il sera cité dans le communiqué de la Wehrmacht du 27 juillet. Les feuilles de chêne lui seront attribuées le 9 janvier 1945 alors qu'il sera toujours à la tête du *FJR 15*. Le *Hauptmann* Heinz Meyer **(2)**, né le 9 avril 1916, commande le IIIe bataillon de ce régiment (le *III./15)*. Le *Ritterkreuz* lui a été attribué le 8 avril 1944 alors qu'il commandait le *III./4,* pour son action dans le secteur de Cassino. En Normandie, il s'illustre dans le secteur du Mont Castre, ce qui lui vaudra les feuilles de chêne qu'il recevra le 18 novembre 1944. Le *Leutnant* Karl Berger **(3)**, qui commande la *10./15*, s'illustrera à ses côtés les 6 et 11 juillet (combat de nuit) dans le secteur du Mont Castre. Tout le régiment sera d'ailleurs cité au communiqué de la Wehrmacht du 29 juillet 1944. Il détruira ensuite deux chars américains en combat rapproché. Pour toutes ces actions, il recevra le *Ritterkreuz* le 8 février 1945. Ces trois officiers d'élite parviendront à se replier et à terminer la guerre en Allemagne. Par contre, l'*Oberfeldwebel* Karl Koch **(4)**, qui commandait une section au *III./15* et s'était aussi illustré dans le secteur du Mont Castre et le long de la route La Haye-du-Puits/Lessay où il contribuera à museler une tentative de percée, sera tué le 26 juillet 1944. Le *Ritterkreuz* lui sera attribué à titre posthume le 24 octobre 1944. L'*Oberleutnant* Hubert Sniers **(5)**, né le 6 avril 1915, qui a pris le commandement de la *9./15* le 21 juin 1944, sera engagé avec sa compagnie auprès de la *353. ID* pour endiguer la pression américaine. Blessé, il prend cependant le commandement du *III./15* dont le *Kommandeur* avait été blessé lui aussi. Il réussira à sauver son bataillon dans la retraite, jusqu'au Reich. Le *Ritterkreuz* lui sera attribué le 24 octobre 1944 alors qu'il commandait la *9./15*. Citons aussi des paras du bataillon du Génie de la division, le *5.Pionier-Bataillon*. Celui-ci est alors sous le commandement du *Hauptmann* Gerhart Mertins **(6)**, né le 30 décembre 1919. A l'issue de *Cobra*, il réussira à ramener son bataillon jusqu'à Nancy. Avec son bataillon, il aura endigué la progression adverse en faisant sauter 46 ponts et recevra le *Ritterkreuz* le 6 décembre 1944. Sous ses ordres, le *Leutnant* Walter Sander **(7)**, né le 25 juillet 1914, commandera la *4./5* et tiendra son secteur pendant seize jours face à des attaques américaines. Il se distinguera plus tard lors de la Bataille des Ardennes, faisant 200 prisonniers à Wiltz et recevra le *Ritterkreuz* le 29 février 1945. Rappelons aussi l'*Oberleutnant* Johannes Marscholek **(8)** qui commandait une section de la 5e batterie du groupe de Flak de la division, la *5. FJ-Flak-Abteilung*. Pendant deux jours de combats, les deux pièces de 88 de sa section détruisent 28 chars Sherman, Marscholek en détruisant personnellement 21. Il est engagé avec succès dans le secteur des Monts, Houteville, La Butte et Marigny. Le *Kommandeur* du groupe de Flak, le *Major* Görtz, sera tué à Saint-Pience, le 29 juillet, dans le secteur de la Poche de Roncey. Marscholek prendra alors le commandement de l'unité, sera cité dans le communiqué de la Wehrmacht et recevra le *Ritterkreuz* le 27 novembre 1944. Il combattra jusqu'à la fin de la guerre en se distinguant à nouveau. (Photos DR.)

arrache les portes, disjoint les châssis de fenêtres, ce qui met fin à la discussion. Des chasseurs-bombardiers avaient attaqué le grand dépôt de munitions établi à Dangy, faisant exploser les obus et les projectiles de Nebelwerfer dont les débris retombent aux alentours.

Cependant, contrairement aux termes rapportés par Paul Carell, la *Panzer-Lehr-Division*, même considérablement diminuée, existe toujours. Le général Bayerlein, fait occuper la « ligne jaune » avec des maigres troupes rapidement rassemblées dont des membres de l'état-major et des hommes du train. Et, malgré l'apocalypse, les mécaniciens des ateliers de réparation de la PLD réussissent encore à remettre en état quatorze chars s'ajoutant aux quatorze panzers rescapés des combats et du bombardement. Dorénavant, le PC sera transféré au Pont-Peint (six kilomètres à l'ouest de Soulles).

Auparavant, un violent tir d'artillerie et de mortiers américains avait frappé le secteur compris entre Carantilly et Quibou, tuant l'*Oberstleutnant* Welsch, le *Kommandeur* du Régiment 902. Voici le témoignage de l'*Oberleutnant* Ebner communiqué le 1er septembre 1990 à J.-C. Perrigault, publié dans son historique de la PLD (page 282) : « *Tout le front est ébranlé. Je me trouve seul avec ma compagnie quand l'*Oberstleutnant *Welsch apparaît à l'improviste près de moi et m'ordonne de constituer une ligne de défense. Dans ce but, il m'amène un Panzer IV de notre division. C'est vraiment un ordre absurde car il est clair qu'avec le peu de monde dont je dispose (il y a peut-être encore 25 hommes), je ne pourrai pas contenir les Américains. Peu après m'avoir quitté, Wlesch est tué. Puis les Américains, forts de l'effectif d'un régiment, s'approchent de nous. Le* Leutnant, *chef de char, impressionné par les assaillants, fait sauter son char (sans toutefois m'en avoir averti auparavant). Par une chaleur d'étuve, je me mets alors en marche avec mes hommes dans une direction que je pense être la bonne. Les Américains nous poursuivent ensuite pendant un certain temps, mais y renoncent, manifestement sous le poids de la cha-*

L'*Oberstleutnant* Willi Welsch commande le *Pz.Gren.Lehr-Rgt. 902*. La croix de chevalier lui a été attribuée le 29 septembre 1941. Il est tué le 26 juillet 1944, lors du repli de la PLD. (HR/ Heimdal.)

Le *Generalleutnant* Gerhard comte von Schwerin, né en 1899, commande la *116. Panzer-Division.*

Le *Major i. G.* Heinz Günther Guderian, alors Ier chef d'état-major *(Ia)* de la *116. Panzer- Division.* (Coll. Guderian.)

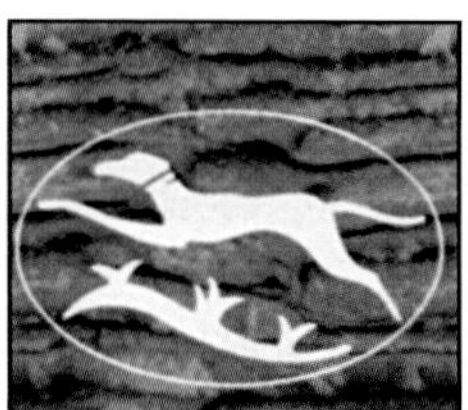

Emblème de la *116. Panzer-Division*, il représente un lévrier, *Windhund.* (Heimdal.)

leur de midi. Dans un village, que je crois s'appeler Notre-Dame (peut-être Notre Dame de Cenilly, note de l'auteur), *nous voulons nous reposer de nos fatigues. Mais à peine étions-nous assis que plusieurs véhicules blindés de reconnaissance américains pénètrent dans la localité et tirent furieusement autour d'eux.* (Sans doute des véhicules de reconnaissance du *82d Reconnaissance Battalion du* lieutenant-colonel Merriam, note de J.-C. Perrigault*). Il ne reste rien d'autre à faire que de continuer le parcours de la fuite. Etant donné la chaleur, les réserves de cidre des paysans nous sont d'un grand secours. Dans presque toutes les fermes, nous en trouvons au moins un énorme tonneau. Bien que nous buvions de grandes quantités de cidre dans la journée, personne n'est ivre, car la sueur chasse immédiatement l'alcool par les pores.* » Le *Major* Kuhnow, *Kommandeur* du *I./902* succède aussitôt au lieutenant-colonel Welsch à la tête du Régiment 902.

Ainsi, la PLD peut encore aligner 28 chars et quelques renforts arrivent sur son aile droite. La *116.Panzer-Division* parvient enfin en ligne, alors que, dès le 6 juin, elle se trouvait dans le secteur de Rouen. Comme me l'avait affirmé son *Kommandeur*, le *Generalleutnant* comte von Schwerin dans une lettre qu'il m'avait adressée le 9 février 1977 (reproduite dans mon ouvrage *Le couloir de la mort*, p. 36), la division aurait été conservée à l'ouest de Paris, à disposition des comploteurs du 20 juillet. Ces propos ont été confirmés par le général Speidel qui rappelait que cette division faisait partie des unités de confiance voulant inculper Hitler (mais celui-ci devait être liquidé physiquement si l'attentat avait fonctionné...). Il est aussi rappelé que la *116. Panzer-Division* était en cours de constitution (à partir des restes de la *16. Panzer-Grenadier-Division* et d'éléments de la *179. Reserve-Panzer-Division)* et que, le 18 juillet, elle n'est pas complètement équipée, et motorisée seulement à 67%. Mais alors que le *II. SS-Panzerkorps* avait été ramené en catastrophe du front de l'Est sur la Normandie pour faire face à la situation, pourquoi une division toute proche du front n'a pas été engagée même si elle n'était pas complètement opérationnelle ? Les propos du général von Schwelin sont-ils un plaidoyer antinazi d'après-guerre ? - Son chef d'état-major, le *Major i.G.* Heinz Guderian, ne sera informé du rôle prévu pour la division dans le cadre du complot que le 4 octobre 1978, soit un an après la lettre que von Schwerin m'avait envoyée. Comment un officier de confiance comme le *Major i.G.* Guderian n'aurait-il pas été mis dans la confidence dès 1944 ? Alors, division en cours de constitution ou bras armé des comploteurs ? En tout cas, elle arrive, enfin, au front six jours après l'attentat du 20 juillet (comme par hasard ?) au milieu d'une situation catastrophique. Et, alors qu'il faut engager les grands moyens, pour boucher la brèche, cette division fraîche ne mène pas de contre-attaque et vient relever le *Panzer-Grenadier-Lehr-Regiment 901* qui doit être retiré du front pour être reconstitué dans la région de Senlis. A **20 h 30**, le général Bayerlein envoie ce message au Ia de l'*OB West* et au QG du groupe d'armées B : « *Après 49 jours de très durs combats, la* Panzer-Lehr-Division *a été entièrement anéantie aujourd'hui. Ayant percé de toutes parts, l'ennemi continu de rouler vers le sud depuis Saint-Gilles jusqu'ici nos appels à l'aide sont restés sans réponse parce qu'on ne croit pas à la gravité de la situation. Seules ont été envoyées à la division des forces insuffisantes et sans instruction.* »

Le 27 juillet, journée décisive

Au centre de la percée, des restes de la *Panzer-Lehr-Division* réussissent à se dégager très tôt dans la matinée : des restes du *II./902* (aile droite, à l'est) du *Hauptmann* Böhm et sept Panzer IV doivent atteindre Quibou, menacé par ce CCB2, certains restent en route. Ils sont rejoints par des éléments du *Fallschirmjäger-Regiment 15* de l'*Oberst* Gröschke, de la 5e division de paras. La percée des Panzer IV de la *II./PLD 130* avait été effectuée pendant la nuit du 26 au 27, sous les ordres du *Hauptmann* Schulze. Cette percée avait été organisée avec quatre panzers, chargés de grenadiers, en tête. Un groupe de grenadiers avançait en pointe, de chaque côté du premier panzer, pour la reconnaissance. Derrière suivait le train du bataillon flanqué des restes de l'unité et les trois autres panzers, chargés de grenadiers, en arrière, puis des grenadiers en serre-file. Le départ a eu lieu à 23 heures, tout d'abord par la route menant à Marigny avant de prendre à gauche puis à droite en direction de Quibou. Un furieux combat a eu lieu après le changement de direction à gauche, sans perte pour les Allemands et quelques morts américains. Plusieurs panzers sont perdus, enlisés dans des entonnoirs de bombes, dont un de la 8e compagnie. Un nouveau combat a eu lieu, dans le noir et à l'aveuglette, en approchant de Quibou. Au final, sur les quatre panzers repliés sur Quibou, trois se sont enlisés et un s'est égaré, il n'en reste plus que trois.

Parmi ces éléments du *II./902* en retraite, la *7./902* de l'*Oberleutnant* Graf. Dans la soirée, le *Hauptfeldwebel* Rosenwald va repérer des colonnes de tanks depuis la cote 63, à un kilomètre à l'ouest de Canisy. Le repli général des SPW de cette unité commencera à 22 h 30, sans organisation, par des chemins pour éviter les routes embouteillées.

Mais si, à l'est, la *116. Panzer-Division*, puis la *2. Panzer-Division*, appelée d'urgence au secteur de Caumont, vont renforcer le flanc oriental face à la percée en cours, qu'en est-il à l'ouest ? - Les régiments de paras de la 5e Division ont eux aussi souffert du bombardement. Deux divisions pourraient tenter de s'opposer à la ruée, la « *Götz* », nous en reparlerons, et surtout la *2. SS-Panzer-Division « Das Reich »*. Nous avons vu ci-dessus que son régiment de panzers avait mené une petite contre-attaque. Ce jour-là, un de ses chefs de char va s'illustrer. Le *SS-Unterscharführer* Ernst **Barkmann**, 24 ans (né le 25 août 1919), originaire d'Allemagne du Nord, de Kisdorf, dans le Holstein, commande un char Panther à la

Jagpanzer IV de la *Panzer-Jäger-Abteilung 228*, on aperçoit sur cette photo l'insigne tactique qui indique que ce blindé appartient à la *3. Kompanie*. La division en disposait en cette fin juillet.

4./SS-Pz.Rgt. 2, intégré à cette compagnie depuis déjà un an. Sur l'axe Périers/Carentan, il a détruit son premier char Sherman dès le 8 juillet, au milieu d'un bocage qui le change des steppes de Russie. Il en a détruit deux autres le 12, en achevant un troisième, son Panther sera aussi touché avec un début d'incendie. Ramené à la compagnie atelier, il sera réparé puis trois nouvelles victoires et nouveaux dégâts aussi, avec un retour à la compagnie. Son « 424 » reprend alors le combat dans le même secteur ; il a été ramené le 25 juillet sur Saint-Aubin-du-Perron, juste en dessous de la route Périers/Saint-Lô. Le 26, la *« Das Reich »* a été épargnée par le bombardement, c'est ainsi que plusieurs de ses panzers ont pu être engagés vers Marigny dans l'après-midi. Le carburateur du Panther de Barkmann rend l'âme et les services de réparation, ne pouvant le remorquer, s'escriment sur le moteur de l'engin en plein champ et quatre *Jabos* surgissent, le mitraillant. Les plaques blindées d'accès au moteur ayant été relevées, le conduit de refroidissement et le réservoir d'huile sont crevés et le moteur prend feu, vite éteint par les extincteurs. Les mécaniciens vont passer la nuit sur le moteur Maybach et, à l'aube de ce 27 juillet, le « 424 » est à nouveau opérationnel. Heinz Barkmann rejoint alors le secteur de sa compagnie, trouvant le *Spiess* (adjudant de compagnie), le *SS-Hauptscharführer* Heinze, et un conducteur d'équipage, Corth, grimpés sur la caisse d'un panzer pour examiner les nouveaux cantonnements.

Retrouvons le témoignage de Barkmann que nous avions alors traduit en 1976 et publié sous la plume d'Eric Lefèvre : *« A la sortie du village du Lorey, au nord de la route Saint-Lô/Coutances* (et à l'ouest de Marigny)*, le Panther croise des grenadiers et des soldats du train qui courent.* - Was ist los ? *Un* Feldwebel *leur lance que les Américains arrivent de Saint-Lô. Les sous-officiers se regardent. C'est par là que devaient se trouver les* (autres) *chars du* SS-Pz.Rgt.2. *Dans le lointain, on perçoit effectivement des bruits de combat. Le* Spiess *et le* Schirrmeister *continuent à pied. Rafales. Les deux sous-officiers reviennent en courant ; l'un d'eux est touché à l'épaule et au bras. Les Américains sont effectivement sur la grand'route qui vient de Saint-Lô. Barkmann décide de se rendre au carrefour. Le Panther se débarrasse de ses passagers. - Dispositions de combat ! Le char roule entre deux haies qui le cachent aux vues latérales. Il s'arrête au carrefour sous les épaisses ramures d'un chêne. Les blindés à étoiles blanches débouchent par la gauche. Poggendorf, le pointeur, a affiché 200 mètres. Il amène lentement la pointe du visuel à la base de la silhouette vert-olive qui se découpe dans sa lunette. La tourelle est secouée d'un tremblement. Flammes. Les véhicules suivants reculent. Maintenant, le chargeur, en manches de chemise, introduit obus sur obus dans la culasse. Les coups sourds de départ et les sons cristallins des douilles qui tombent s'ajoutent au fond sonore créé par le ronron du ventilateur qui évacue de la chambre de combat les fumées malodorantes. Plus loin, les camions citernes souillent le ciel de volutes noires et grasses ; des jeeps, des half-tracks se déforment, se déchirent sous les coups du 75. Les yeux du chef de char courent d'un point à l'autre. A gauche de la route descendent deux Shermans. Le premier ne flambe qu'au deuxième obus. Le second réussit à en placer deux sur le Panther avant de succomber. Le carrefour disparaît sous la fumée noire. Il y a toujours d'autres véhicules pour déboucher de la route de Saint-Lô. Rien ne peut durer. Des Jabos creusent des cratères autour du "424". Une bombe éclate à cinq mètres devant le char, manquant de le renverser. Une autre tombe à gauche. Le "424" tangue comme un navire en perdition. Cette fois, les galets ont été touchés. Barkmann s'accroche. Il continue de tirer sur tout ce qui se présente. Les chasseurs-bombardiers s'acharnent sur cet isolé qui bloque la route*

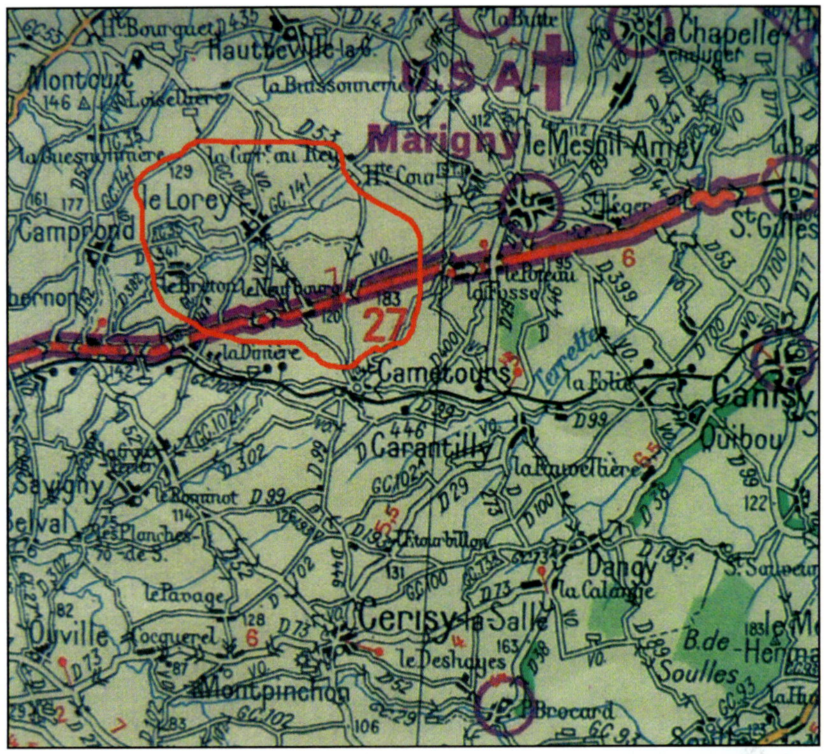

Ci-dessus : extrait de la carte Michelin publiée en 1947 montrant le secteur d'engagement de Heinz Barkmann le 27 juillet : Le Lorey, le Neufbourg et le proche carrefour où il causa de gros dégâts à une colonne de la *3rd Armored Division* progressant en direction de Coutances.

à lui tout seul. Les petits obus des canons de bord mordent le blindage de la tourelle et le bouclier du canon. Les bombes de 50 kg font jaillir la terre. Deux Shermans tirent de flanc. Deux obus ripent sur les côtés de la caisse du Panther. Le tube tourne inexorablement. Le pointeur réagit instinctivement. Les deux Shermans brûlent. Le Panther est maintenant couturé comme un vieux morse. Un coup au but, déchiquette une chenille ; une soudure de la caisse se rompt. Il n'y a pratiquement plus d'obus dans les soutes. Le pilote blessé au cou, geignant de douleur, tremblant nerveusement, tente d'ouvrir sa trappe. Bloquée. Il jette ses écouteurs, manœuvre ses leviers pour mettre le char de biais. Barkmann hurle à son pointeur de le calmer. Un obus tonne dans le flanc du Panther. Le pilote est remis en selle. Il tente de dégager le Panther. Avec une chenille en moins et un barbotin tordu, ce n'est pas chose facile. Il parvient pourtant à le faire reculer, après que le pointeur ait détruit un dernier Sherman. Les deux sous-officiers restés en arrière congratulent le SS-Uscha. *Barkmann. Ils ont compté les chars détruits : neuf ! Le "424" roule en crabe jusqu'au hameau du Neufbourg. Là, seulement, peuvent être libérés le pilote et le radio, en ouvrant les trappes bloquées avec des barres de fer. »*

Le même jour, dix chars Panther de la *I./SS-Pz.-Rgt. 2* sont au nord de Cambernon (voir la carte, à l'ouest de Camprond et à 4 kilomètres au nord-est de Coutances. Le gros du *SS-Pz.-Rgt. 2* se dirige vers Belval et Courcy (sud-est de Coutances), cinq kilomètres plus au sud, au-delà de la route Coutances/Saint-Lô. Le *Kommandeur* du régiment et de la *« Das Reich »*, le *SS-Ostubaf*. Tychsen, installe son PC à Trelly à une dizaine de kilomètres au sud de Coutances, huit panzers de cette division restant sur la ligne Montcuit/Saint-Sauveur-Lendelin en arrière-garde. Quatre Panzer IV de la *II./SS-Pz.-Rgt. 2* sont détruits au sud de Périers. Dans la soirée, plusieurs chars resteront entre Quibou, Dangy et Cersisy-la-Salle.

Le *SS-Oscha* (adjudant) Ernst Barkmann, avec son Panther « 424 » du régiment de chars de la division *« Das Reich »*, réussit à détruire neuf chars américains et de nombreux véhicules sur la route nationale Saint-Lô/Coutances, à la hauteur du Lorey. Il a 24 ans, il sera décoré de la Croix de chevalier de la Croix de fer un mois plus tard.

Ce reportage a été pris au lieu-dit « La Vivionnière » près de la Pivandière, sur la commune de Notre-Dame-de-Cenilly (près de Pont-Brocard). Il nous montre les anciennes cuisines du PC de Meindl *(II.FJ-Korps)* où il y avait une dizaine de cuisiniers paras, éloignés du PC d'environ 800 à 1 000 mètres, à travers champs, pour éviter le repérage aérien à cause des fumées, d'après M. Tison (témoignage du 20 octobre 2008), propriétaire de la petite ferme au bout du cul de sac. Le casque de para allemand ci-dessus a été abandonné au Mesnil Amey (à l'est de Marigny et de la ferme de l'Aubrie) dans une ferme dont le commis a ramassé ce matériel à l'arrivée des Américains, sur le haut d'une tranchée, et il l'a toujours conservé ce qui explique son état actuel. (Coll. privée.) Ci-dessous : deux autres casques de paras allemands. (Collection privée.)

1

2

1. Casque de para et masque à gaz retrouvés à Cambernon, est de Coutances. (Collection privée.)

2. Casque de para allemand retrouvé à Marchésieux, secteur ouest de « Cobra ».

Un amateur local se souvient :

« Au début des années 1980, un ami m'indique une épave de Kübelwagen restée dans une haie au bout d'un chemin creux près du cimetière de Marigny, mais sur la commune de la Chapelle-en-Juger. Je découvre effectivement l'engin très abîmé dont les photos sont ci-dessous, avec son immatriculation encore visible à l'avant.

Après un savant travail par procédé chimique le numéro apparaît : WL-522055. Quelques années plus tard, sur renseignement, je rencontre le maire de la commune, à son domicile au lieu-dit l'Aubrie, désireux de se séparer d'un canon de Pak 40 servant jusqu'alors de canalisation d'eau au travers de son avenue (voir photo ci-dessous) ; il m'invita à renter chez lui et je m'étonne de la présence de nombreux éclats dans la poutraison en pichepain du plafond de la cuisine ainsi que de la boule du pied de l'escalier sectionnée en deux. Il m'explique que lors, des bombardements du 25 juillet 1944, la ferme a été transformée en hôpital civil et que les dépendances ont été entièrement brûlées, seule la maison d'habitation a pu être restaurée mais en conservant des traces du drame. Il me raconte aussi avoir reçu vers 1970, la visite d'un couple allemand dont le mari, professeur et amputé d'un bras, recherchait le jeune homme qui l'avait sauvé à l'époque en l'amenant dans cette ferme pour y être soigné. Parachutiste dans le 6e régiment, il avait été très gravement blessé et emmené dans un Kübelwagen pour être enfin pris sous le bombardement. Le chauffeur a essayé de se mettre à l'abri dans un chemin creux, mais le véhicule a été touché. Il est resté à cet endroit quasiment mort jusqu'à ce qu'un jeune homme français le ramasse avec d'autres blessés au moyen d'une voiture à cheval et le conduise à l'antenne médicale installée dans la ferme de l'Aubrie. En lui montrant la porte de la salle il lui dit : "C'est derrière cette porte qu'on m'a coupé le bras." Le maire raconte cette visite à un de ses administrés qui lui dit alors être le jeune homme en question et lui indique avoir ramassé l'Allemand à l'endroit où j'ai retrouvé l'épave de Kübel !... la boucle est bouclée... Le professeur allemand est revenu plusieurs années de suite passer des vacances sur les lieux, amicalement reçu par notre sauveteur français. »

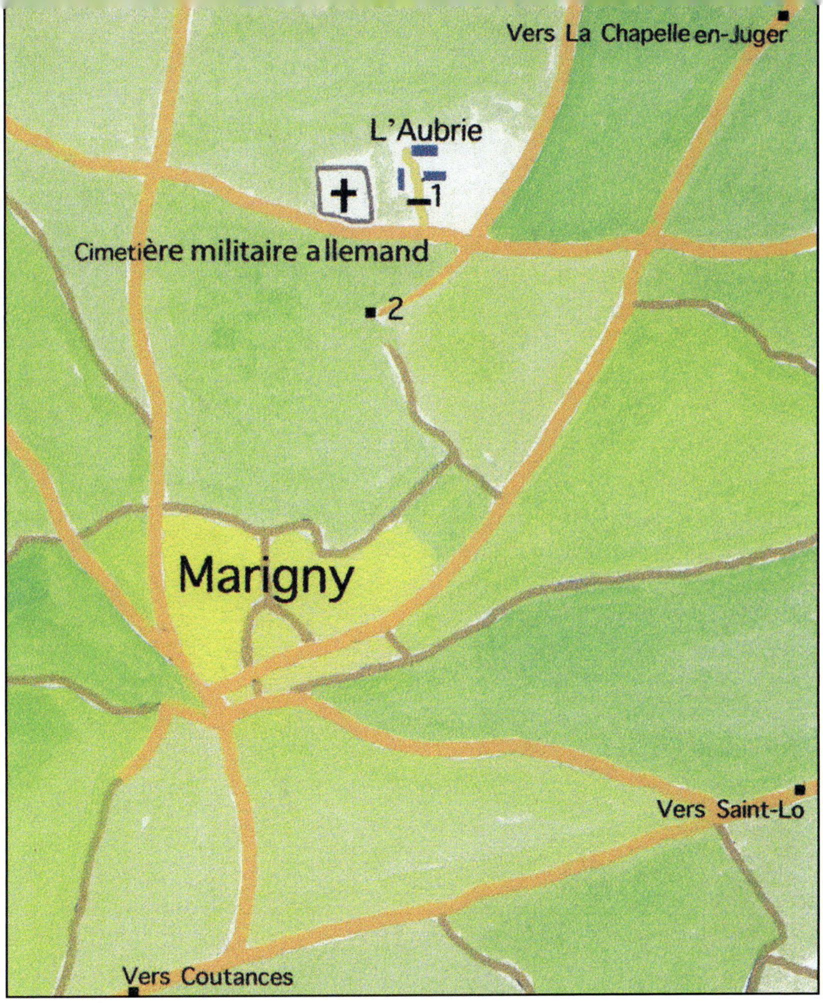

Ci-dessus : carte montrant l'emplacement de la ferme de l'Aubrie, à proximité de l'actuel cimetière militaire allemand de Marigny. Le canon se trouvait **(1)** en travers de l'avenue menant à la cour de la ferme. **2.** Emplacement de l'épave du Kübelwagen et endroit où l'officier allemand de paras a été ramassé par le jeune Normand. (Carte Heimdal.)

1. Le canon de Pak extrait de son emplacement.

2. Le Kübelwagen projeté et incrusté dans la haie.

3. Détail de l'épave.

4. La plaque du véhicule, encore en place...

5. ... et remonté sur un autre Kübelwagen avec ses numéros devenus plus lisibles, attestant que le véhicule était affecté à la *Luftwaffe* : WL.

(Collection privée.)

90th Infantry Division

4th Armored Division

Périers, 27 et 28 juillet 1944

1. Les 25 et 26 juillet, le secteur de Périers est défendu par la *2. SS-Panzer-Division « Das Reich »* dont on voit ici un véhicule Dodge pris aux Américains traversant Périers ravagé par les bombardements.

2. Le 27 juillet, la localité est enfin prise par les fantassins américains du *359th Infantry Regiment* de la *90th Infantry Division*, que l'on voit progresser dans Périers au même endroit, mais dans l'autre sens que les Allemands de la photo précédente… Nous retrouverons d'ailleurs la même rue sur la photo **4**.

3. Beaucoup de maisons de Périers ont été pulvérisées par les bombes.

4

4. Le 28 juillet, dans la rue que nous connaissons déjà, la police militaire de la *4th Armored Division*, qui a relayé la *90th Infantry Division*, rassemble des prisonniers allemands : on reconnaît là leur insigne, des Waffen-SS de la division « *Das Reich* » et des soldats appartenant au *KG 91. ID*.

5. La veille, le soldat Kirby Watson, un Texan appartenant à la *4th Armored Division* (comme l'indique son badge d'épaule) a assuré, avec son central téléphonique protégé dans un trou profond, les liaisons entre les unités de la division. (ETOHQ.44 8649) (NA et D.F./Heimdal.)

5

Périers, 29 et 30 juillet 1944

1. Cette impressionnante photo aérienne, prise depuis le nord montre Périers en ruines dominée par son église dont la nef et le clocher ont été sérieusement touchés par les obus. Les véhicules de la *4th Armored Division* traversent la Place du Marché, encombrée de gravats afin de progresser vers le sud.

2 et **3.** Un char Sherman de la *4th Armored Division* débouche de la rue Alfred Regnault pour s'engager dans la rue de Coutances bordée de décombres et d'immeubles rongés par les flammes. Périers, le 29 juillet.

4 et **5.** En ce même 29 juillet, une colonne de la *4th Armored Division* s'est arrêtée sur la Place du Marché à Périers avant de poursuivre sur Coutances. En face de nous s'ouvre la rue de Carentan qui mène vers le nord-est.

6 et **7.** L'offensive se poursuit vers Coutances et au-delà, ce GMC du *94th Artillery Battalion* de la *4th Armored Division* passe devant le chevet de l'église de Périers, en ce 30 juillet, afin d'amener des munitions à son unité vers le sud.

8. Des fantassins ajustent les tirs de leur mortier à proximité de Périers.

(Photos collection Heimdal.)

1

7

2

6

3

4

5

8

3

2

4

1

Marchésieux, Montcuit, Saint-Sauveur-Lendelin, 28-29 juillet 1944

1. Au moment de « Cobra », le secteur de Marchésieux, face à la *83rd ID*, est tenu par les restes de la *17. SS-Panzer-Grenadier-Division « Götz von Berlichingen ».* Un obusier de 105 mm HM2 monté sur affût blindé « Priest » d'une unité américaine passe, ce 29 juillet, devant la tombe du *SS-Unterscharführer* (sergent) Josef Richtsfeld né le 9 août 1914 et tué le 17 juin 1944 près de Saint-Gilles alors qu'il appartenait à la 9e batterie du régiment d'artillerie *(SS-A.R. 17)* de la « *Götz* ». Cette batterie était commandée par le lieutenant Günther Prinz et était armée de pièces lourdes de 15 cm. Le sergent Richtsfeld a dû être tué (vu le lieu et la date) par une action des chasseurs-bombardiers.

2. Un GI examine un « *Schwimmwagen* » détruit ; il s'agit d'une voiture amphibie. D'après l'écusson « au poing de fer » peint au pochoir à l'arrière gauche, nous savons que ce véhicule appartenait à la « *Götz von Berlichingen* ». Le signe tactique peint à droite indique qu'il appartenait à la compagnie d'état-major du bataillon du génie de la division. Il s'agit donc d'une des quatre « *Schwimmwagen* »

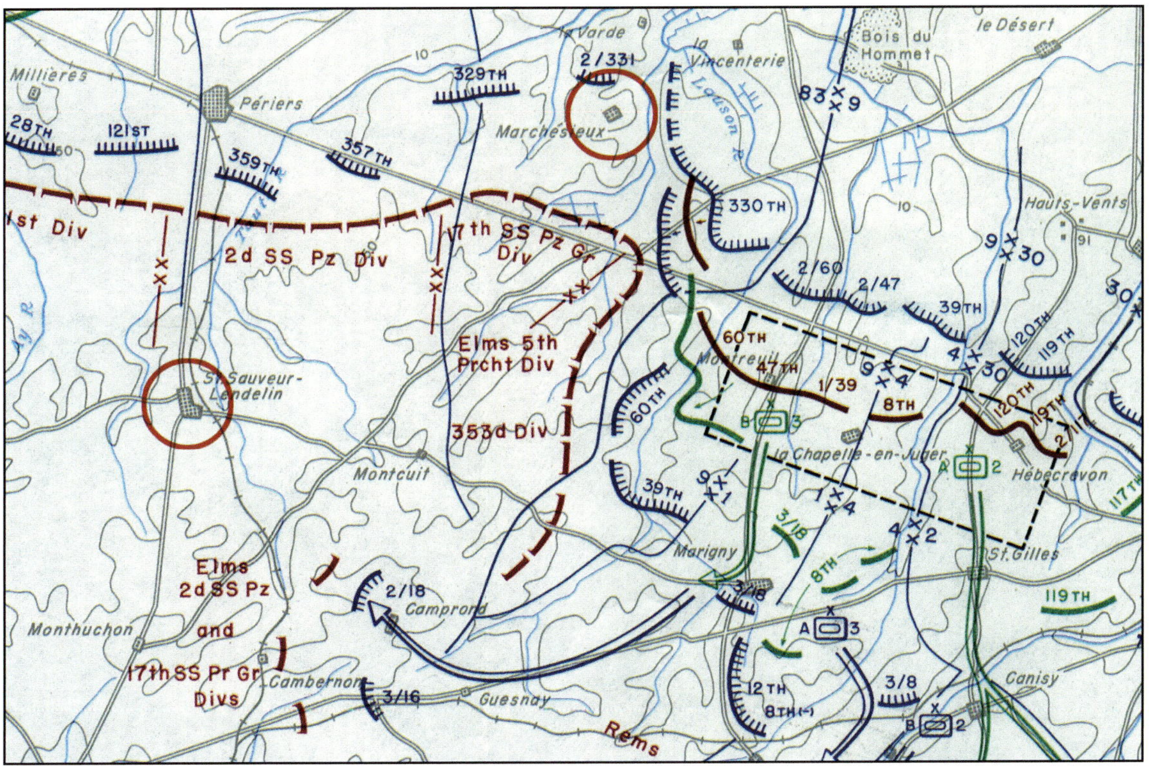

83rd Infantry Division

4th Infantry Division

5

de l'équipe de reconnaissance de la compagnie. La compagnie était sous les ordres du capitaine Müller.

3. Le génie US a placé des glissières métalliques sur un ruisseau de Saint-Sauveur-Lendelin afin de permettre le passage des colonnes motorisées et blindées.

4. Le 28 juillet, les fantassins du *331st Infantry Regiment* de la *83rd Infatnry Division* ont balayé les derniers grenadiers de la « Götz » qui se sont repliés afin d'échapper à l'encerclement qui se dessine. En deux colonnes, ce 29 juillet, les GI's arrivent à Montcuit.

5 et **6.** Dévalant de Périers, la *4th Infantry Division* traverse Saint-Sauveur-Lendelin le 28 juillet avant d'atteindre Coutances. Un vétéran de la Première Guerre mondiale monte la garde à l'entrée de son village avec le drapeau français afin de saluer les colonnes américaines.

(Photos collection Heimdal.)

6

1

1. Après le bombardement, l'offensive terrestre se met en marche. Une colonne de chars Sherman débouche d'un clos où elle se trouvait en position d'attente pour foncer plein sud sur la route ; on remarquera le camouflage de ces chars.

2. Des GI's de la *9th Infantry Division* s'abritent dans le fossé de tirs sporadiques allemands.

3. Une colonne blindée fonce plein sud, un char et une Jeep, détruits sur le bas-côté, ont sauté sur des mines.

4. Au carrefour de la Grande-Pièce près de Hébécrevon, des « MP's » règlent la circulation. Des half-tracks de la DCA traversent le carrefour.

5. Peu de temps avant, ce char Sherman est passé au même carrefour en soulevant un nuage de poussière.

(Photos NA et US Army, collection Heimdal.)

2

9th Infantry Division

3

4

5

Secteur de Marigny, 28 et 29 juillet 1944.

1. Le *Sergeant* Bernard Newman de la *9th Infantry Division* fait semblant, pour le photographe, de croire à la pancarte « téléphone public gratuit » *(Public Phone - No charge !)* et d'essayer de faire un numéro personnel. Il s'agit en fait d'un téléphone pour les officiers de passage au Poste de commandement de la *9th Division*. 28 juillet.

2. Des Noirs américains servent un obusier de 155 mm. L'artillerie de campagne a joué un grand rôle dans l'appui de « Cobra ». Cet obusier est un excellent matériel bénéficiant d'une grande précision. Portée maximum : 14 400 mètres. Cadence de tir : 2 coups/min.

3. Un groupe de soldats américains de la *9th Division* examine un canon antichar allemand et son tracteur, détruits et incendiés par l'aviation. Il s'agit d'une arme redoutable : le Pak 40 de 75 mm. Son poids complet est de 1 500 kg. Portée terrestre maxi : 7 680 m. Portée antichars maxi : 1 800 m. Longueur de vie du tube : 6 000 coups. Photo prise le 28 juillet.

9th ID

4. Un autre adversaire redoutable des chars américains a été victime de l'aviation américaine. Près de Marigny, le 29 juillet. Il s'agit du canon d'assaut allemand armé d'un canon de 75 mm - le « *Sturmgeschütz 40* » type G. Son train de roulement est celui du « Panzer III ». Il s'agit d'un engin de la « *Panzer-Lehr* » en dotation dans la « *Panzer-Jäger-Lehr-Abteilung 130* » qui était sous les ordres du *Major* Joachim Barth. Les trois soldats américains montés sur ce canon d'assaut et posant avantageusement pour le photographe sont de gauche à droite : - le soldat de 1re classe *(Pfc)* Jim Ritchie de Bronx, le soldat *(Pvt)* Carmine Calvanico de Jersey City, le *S/Sgt* Howard Strella d'Ellsworth dans le Kansas. En bas et à gauche de l'engin : le soldat Phillip Aaron de l'état de New York.

5. Une batterie de cinq *Mk 8 Hotwitzer Carriage*, il s'agit d'un char armé d'un obusier de 75 mm. Le premier d'entre eux est équipé d'un coupe-haies. On verra le profil de l'un des engins page 84. En ce 28 juillet, des éléments de la division « *Das Reich* » tiennent encore des hauteurs au nord-ouest de Marigny et envoient des obus de 88 mm sur cette localité. Ces obusiers ouvrent le feu sur les positions allemandes.

(Photo Nat. Archives US Army et Heimdal.)

4

5

1

2

Canisy, le 27 juillet 1944.

1. Des hommes du Génie de la *2d Armored Division* dégagent une ruelle bloquée par les décombres. Ils portent le « *two-piece herringbone twill camouflage jungle suit* ». Cette tenue camouflée américaine fut peu utilisée sur le terrain d'opération européen pour éviter la confusion, au combat, avec les tenues camouflées des Waffen-SS. Il semble que cette tenue n'ait été utilisée en Normandie que par la seule *2d Armored Division* qui en fut largement dotée comme ces photos (et d'autres prises en août) nous le montrent.

Pont-Brocard, le 28 juillet.

2. Des GI's du CCB de la *2d Armored Division* chargés sur un half-track sont en alerte près de Pont-Brocard.

3. Un canon de 57 mm est en position antichar ; les Allemands du secteur de Roncey lancent aujourd'hui des contre-attaques vers l'est, vers Pont-Brocard. Ces hommes attendent un éventuel assaut.

4. Ce groupe de fantassins du *41st Infantry Regiment* du CCB/2 examine une carte allemande de l'Europe trouvée dans Pont-Brocard.

(Photos Nat. Arch. et US Army. Collection Heimdal.)

Pont-Brocard, le 29 juillet 1944.

1. Des fantassins du CCB/2, groupement tactique de la *2nd Armored Division,* attendent dans un chemin creux de progresser à l'ouest de Pont-Brocard pour nettoyer le terrain d'Allemands isolés, qui se sont échappés de la Poche de Roncey. Ils sont reconnaissables à leurs tenues camouflées caractéristiques qui se fondent dans l'épais bocage.

2 et **3.** Cette pièce de 57 mm reste en position dans Pont-Brocard pour parer à la percée éventuelle d'éléments allemands. Cette localité est un important point de passage sur la Soulle. Derrière les servants de la pièce, on aperçoit un véhicule blindé allemand abandonné. Des chars Sherman stationnent, dans la localité. Les lieux sont restés intacts, à l'exception de la maison d'angle, rasée pour faciliter la circulation.

(D.F. et E.G./Heimdal.)

1

2

4. Cette photo actuelle, prise à l'opposé de la photo **2**, montre que le canon de 57 mm surveillait la route venant de Cerisy-la-Salle. (E.G./Heimdal.)

5. Cette autre photo actuelle montre le pont enjambant la Soulle, dans le fond, et la maison (tout à fait à droite) devant laquelle s'est arrêté le soldat De Freitos.

6 et **7.** Le soldat Joseph De Freitos de Jonkers, dans l'état de New York, fait chauffer les boîtes de conserves de ses rations sur son petit réchaud individuel. Le soldat américain est merveilleusement équipé. Au sol, on aperçoit une gourde allemande. Actuellement, la maison est intacte mais les volets ont été décrochés.

(D.F. et E.G./Heimdal.)

Lessay, 28 et 29 juillet 1944.

1. C'est le 27 juillet que les fantassins américains du *315th Infantry Regiment* de la *79th Division* ont réussi à prendre Lessay et à franchir la Sèves, ce qui leur ouvre la route du sud, vers Coutances. Un jeune soldat allemand a été tué à la sortie de la localité, il faisait partie d'un des ultimes points d'appui de la *243. Infanterie-Division*. Il est mort depuis plusieurs heures, en ce chaud été de 1944, des mouches se sont déjà posées sur son visage. (Bundesarchiv.)

2. Dans le centre de Lessay, sur la place du marché (actuelle place Saint-Cloud) ravagée par les bombes et les incendies dès le 8 juin. Ce 28 juillet, des GI's ont installé une mitrailleuse. On aperçoit l'Hôtel de Normandie, incendié, au centre.

3 et 4. Des sapeurs du Génie de la compagnie « B » du *133rd Engineer Battalion* sont occupés à déminer le centre du bourg incendié.

5. La *6th Armored Division* s'est ruée vers le sud dès le 28 juillet, emmenant dans son sillage les hommes de la *79th Division* qui traversent Lessay pour rejoindre la nouvelle ligne de front portée entre Coutances et Coutainville, près de la côte.

6 et **7.** Près de Lessay, le 29 juillet, un bataillon du génie américain lance un pont métallique sur le cours de l'Ay afin de permettre aux véhicules de progresser rapidement vers le sud.

8. L'abbatiale de Lessay, en partie détruite en 1944, a été remarquablement restaurée.

(Photos collection Heimdal et E.G./Heimdal.)

1

2

3

4

5

6

8

79th ID

7

1

30 juillet, secteur de Saint-Germain-sur-Sèves.

1. A l'aube du 22 juillet, le *358th Infantry Regiment* de la *90th Division* part à l'attaque pour s'emparer de « l'îlot de Saint-Germain-sur-Sèves ». Il s'agit d'un village établi sur une longue et légère éminence au milieu d'une zone plate et marécageuse. Pour s'emparer de cette petite éminence transformée en point fortifié par les hommes du IIIe bataillon du régiment *« Der Führer »* de la division *« Das Reich »*, les GI's du *358th IR* doivent traverser une vaste zone découverte soumise au feu allemand. Les soldats de la *90th Division* subiront de lourdes pertes et la petite tête de pont américaine établie à St-Germain sera repoussée par une contre-attaque allemande (voir pages 28 à 30). Ce point d'appui allemand ne sera pris que le 27 juillet par le *357th IR* de la 90e, lors du repli allemand et de l'avance générale du *VIII Cops*. Nous voyons ici un soldat de cette division, portant une mitrailleuse Browning sur l'épaule, franchissant un bras d'eau devant l'îlot de Saint-Germain-sur-Sèves. Une échelle lui sert de passerelle. (8977)

2. Une autre vue plus générale prise au même endroit. Des arbres avaient été coupés par les Allemands pour améliorer le champ de tir. La photo est prise depuis les anciennes positions allemandes.

3. Deux soldats avancent dans ce paysage meurtri par les combats.

90th ID

2

3

4

4. Deux fantassins posent pour le photographe dans le même secteur. Ils rappellent la tragique progression de leurs camarades ici il y a huit jours. On reconnaît les soldats aperçus sur la photo précédente. (8976)

5. Ce soldat allemand a détruit en combat rapproché le Tank-Destroyer américain que nous voyons abandonné sur le bas-côté de la route. La photo a été prise le 30 juillet entre Coutances et Marigny, à mi-chemin entre ces deux localités tout près du secteur où est intervenu Barkmann. Le soldat allemand devait être l'un de ceux qui ont essayé de percer ici, à travers les lignes américaines. Dans ce duel entre lui et le char, il a péri lui aussi, les jambes arrachées. (9133).

(Photos collection Heimdal.)

5

La ruée blindée, 29 au 31 juillet 1944.

1. Ces hommes de la *3rd Armored Division* se reposent dans une ferme au sud de Coutances. Ils en profitent pour se raser et se laver tranquillement, ce qu'ils n'ont pu faire dans les derniers jours. Ils ont réduit la « Poche de Roncey » par l'est. Photo prise le 31 juillet.

2. Le *Sergeant* Virgil Clifton, de Fredonia dans le Kansas, conduit une patrouille d'infanterie au sud de Coutances, ce 29 juillet. Il est armé d'une mitraillette M3. Elle dispose d'un magasin de 30 coups. Cadence de tir : 440 coups/min.

7

8

Coutances, 28-29 juillet 1944

1 et **2.** Venant de Périers, les colonnes de chars de la *4th Armored Division* se ruent vers Coutances ; on aperçoit au loin les flèches de la cathédrale.

3 et **4.** Plus loin, les fantassins américains ont atteint les faubourgs de la ville ; ils emmènent avec eux un sous-officier allemand prisonnier.

5. Les GI's pénètrent maintenant en ville, un soldat américain s'abrite des balles d'un tireur isolé allemand.

6. Une colonne blindée de la *4th Armored Division* est stoppée, route de Périers (actuellement : avenue Général Leclerc, à l'époque : avenue Maréchal Pétain). Des obus allemands tombent sur le quartier, la route est minée ; une jeep puis un char Stuart vont sauter sur des mines.

7 et **8.** Quelques instants plus tard, au même endroit, des brancardiers américains ramènent un blessé touché par l'explosion de la jeep ou par des éclats d'obus. Ce passage dangereux contraindra les colonnes américaines à faire le tour du pâté de maisons par l'est, par la route de Saint-Lô.

(Photos collection Heimdal.)

6

5

Coutances, les 28 et 29 juillet

1. 28 juillet, les premières patrouilles américaines traversent le champ de ruines qui s'étend entre la cathédrale (que l'on voit ici) et l'église Saint-Pierre, en se dirigeant vers le sud de la ville.

2. 29 juillet, à l'angle sud-est du parvis Notre-Dame, dans les ruines du portail latéral sud de la cathédrale, le supérieur et le directeur du Grand Séminaire de Coutances, les chanoines Mignot et Gazengel, suivis de deux sémina-

3. Cette vue prise de la tour sud de la cathédrale le 29 juillet nous montre le quartier sud-ouest de la ville. De nombreuses maisons ont été complètement pulvérisées par le bombardement, certaines rues ont été totalement épargnées.

4. Près du carrefour de la Croix Quillard, alors que le quartier subit encore le tir d'une pièce allemande de 88 mm, une patrouille américaine inspecte les ruines de la chapelle du Carmel qui est intégrée à la Maison des Œuvres. Le bureau du Père Cadel, complètement détruit par une bombe, est à quelques mètres à gauche ; on ne le voit pas sur la photo.

(Collection Heimdal.)

ristes secouristes. La rue, qui est en face, entre la cathédrale et les maisons en ruine, est celle qui donne accès à l'évêché.

3

1

Coutances, 29 juillet 1944

1. Coutances vue de l'ouest, depuis la route d'Agon-Coutainville ; un véhicule américain de reconnaissance s'est arrêté.

2. Patrouille américaine dans la ville (voir la photo n° **2** pages suivantes).

3. Autre vue générale de Coutances depuis l'ouest. De gauche à droite on aperçoit : le stade municipal, les bâtiments du Grand Séminaire, la cathédrale de l'Hôtel de Ville.

2

4, 5 et 6. Trois photos prises dans le même secteur, Boulevard Alsace-Lorraine, montrent la ruée des véhicules américains vers le sud, à la poursuite des Allemands. Toutes les photos de ces deux pages ont été prises par Richard Boyer, correspondant de guerre américain. (Collection Heimdal.)

2

8

4

Coutances, 29 juillet 1944

1. Le général George S. Patton est arrivé près de Coutances pour suivre le développement de l'offensive en cours. Sa jeep est entourée de civils venus le saluer.

2, 3 et **4.** Scène de dévastation dans une petite rue de Coutances entièrement bloquée par les décombres. On aperçoit, au fond, une rue dégagée où passe une colonne blindée (voir aussi photo pages précédentes).

5 et **6.** Place du Parvis de la cathédrale, le petit portail sud, sur la droite, a été détruit par les bombes. Le magasin des « Nouvelles Galeries » a été totalement incendié.

7 et **8.** Tombée dans la rue Tancrède, presque avant l'église Saint-Nicolas, la Tour Eiffel qui se trouvait sur le toit de

10

11

7

8

6

5

1

la maison de M. Lemoine, marchand d'appareils de radio. On aperçoit les tours imposants de la cathédrale.

9, 10 et **11.** En venant du nord, au bas de la rue Saint-Nicolas (la photo est prise de plus loin que la précédente). On aperçoit, sur la droite, un tankiste américain.

(Photos collection Heimdal.)

3

1

Coutances, 29 juillet, Boulevard Alsace-Lorraine

1. Des chars légers Stuart d'un escadron de reconnaissance dévalent le Boulevard pour s'élancer vers le sud à la poursuite des Allemands. On remarquera les ruines d'un garage en ciment à l'extrême droite de la photo qu'on retrouve sur les photos **3** et **4**.

2. Des chars Sherman se sont arrêtés pour laisser passer une colonne motorisée.

3. Véhicules et fantassins avancent vers le front, vers le sud.

2

4. Au même endroit passe un char Sherman dont l'étoile blanche a été enlevée, recouverte de peinture (il en est de même pour les chars que l'on voit sur les photos **2** et **5**.

5. Au même endroit, sous un angle différent de celui de la photo **2**, des fantassins américains passent le long d'une colonne de chars arrêtée.

(DAVA/Coll. Heimdal.)

1

4

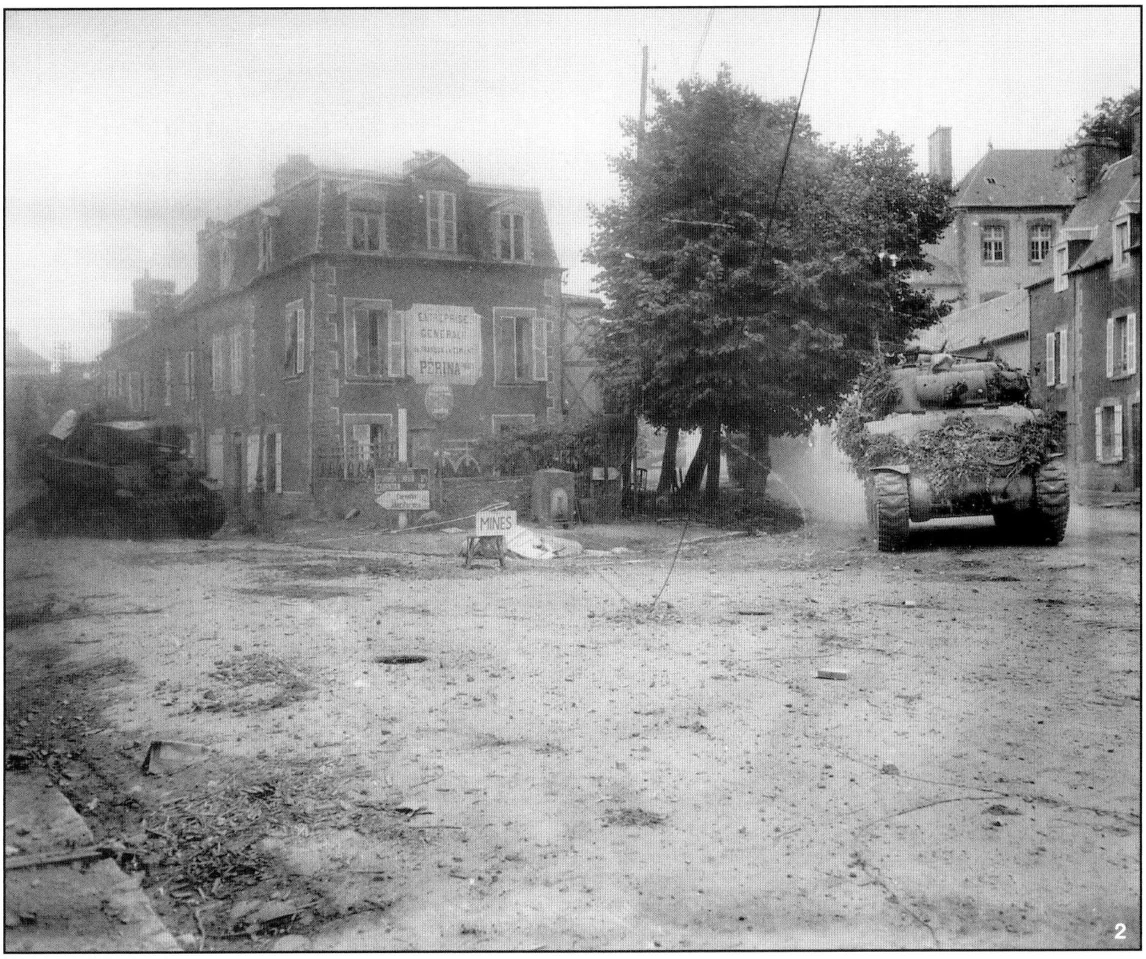

2

5

Coutances, Carrefour de la Croix Quillard

1. Venant de Périers, un char léger Stuart du 25ᵉ escadron de reconnaissance de la *4th Armored Division* a sauté sur une mine, la route de Périers n'a pas été nettoyée, elle reste provisoirement interdite à la circulation.

2 et **3.** La circulation est donc déviée par la route venant de Saint-Lô. On aperçoit le char Stuart détruit à gauche de la « Maison Périna » alors que les chars arrivent par la droite, par la route de Saint-Lô. Actuellement, la « Maison Périna » a été rasée.

4. Boulevard d'Alsace-Lorraine à Coutances le 31 juillet, les chars se ruent vers le sud à la poursuite des Allemands en retraite. Sur la droite, un énorme trou de bombe entame la route, un arbre a été dépouillé de ses branches. (Coll. Heimdal.)

5. Nous sommes toujours sur le boulevard d'Alsace-Lorraine en ce 31 juillet un obusier automoteur de 105 mm monté sur affût « Priest », appartenant à la compagnie « B » du 22ᵉ bataillon d'artillerie de la *4th Armored Division* passe au même endroit que les chars Sherman de la photo **4**. Sous cet angle, on aperçoit mieux l'arbre dont les branches ont été arrachées.

(Photos collection Heimdal.)

4

5

2

Coutances, du 29 au 31 juillet 1944

1. Près du carrefour de la Croix Quillard, le 31 juillet, des infirmiers appartenant à une division blindée donnent les premiers soins à un blessé touché par une bombe à retardement. On aperçoit une jeep du 202e bataillon du génie.

2 et **3.** Plus bas, sur le boulevard de la Marne, les Allemands avaient placé des charges explosives sur les arbres afin de les abattre en travers de la route et de bloquer ainsi l'avance rapide des chars. Sur cette photo prise le 29 juillet, les charges sont encore en place.

3

6

4. Au sud de la ville, des jeeps vont rejoindre le front tandis que l'équipage d'un char Stuart marque une pause. Au premier plan est arrêtée une jeep de l'état-major de la *4th Armored Division*. Une jeep et un camion viennent en sens inverse.

5. Et le flot de véhicules de la *4th Armored Division* continue de s'écouler par la même rue : des jeeps, un char Stuart, un char Sherman.

6. Mais les décombres étranglent ce passage et gênent la circulation. En ce 31 août 1944, un bulldozer du 202e bataillon du Génie est au travail.

(Photos collection Heimdal.)

1

6 — 28 au 31 juillet

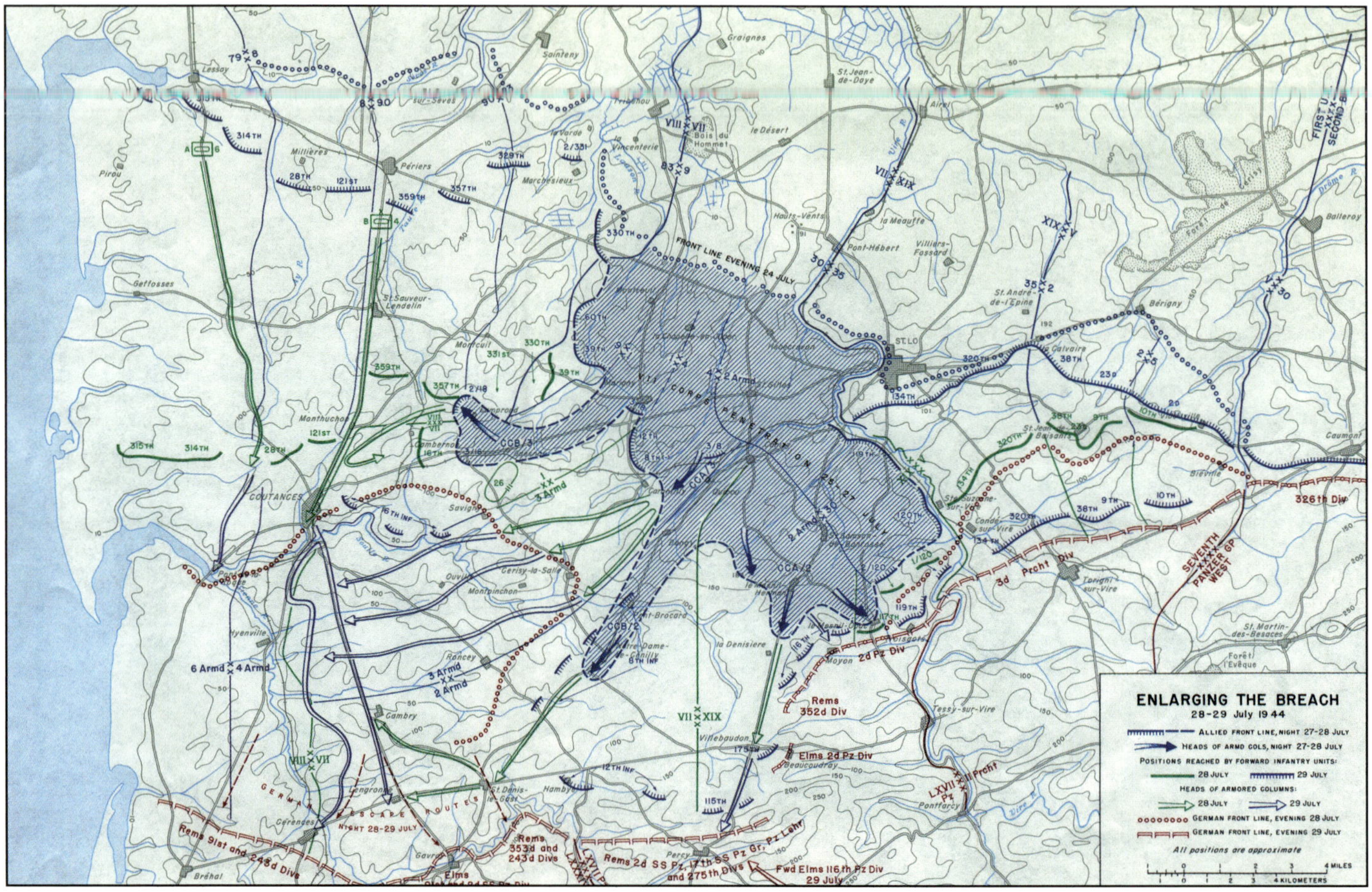

L'élargissement de la percée américaine du 28 au 29 juillet. Celle-ci menace les arrières des unités allemandes tenant le secteur côtier qui sont contraintes au repli. Deux divisions blindées, à l'ouest, dévalent sur leurs talons, la 6e et la 4e qui entre à Coutances dès le 28 juillet. Mais la *2d Armored Division* mène une attaque en coup de faux et prend de nombreuses unités allemandes dans le piège de la poche de Roncey. Les Allemands se replient le 29 au soir sur une ligne Bréhal-Gavray-Percy. (Serv. Hist. Arm. amér.)

Le 28 juillet

En cette quatrième journée de l'offensive américaine, des succès inespérés vont permettre d'atteindre la plupart des objectifs et de mettre en place l'encerclement d'une partie des forces allemandes en retraite. A l'est, le **CCA** de la **2d Arm. Div.** continue plein sud et atteint **Villebaudon**. Dans la nuit, des éléments de la **2. Panzer-Division** ont franchi la Vire et se regroupent près de Beaucoudray pour contre-attaquer cette pointe blindée, ce qu'ils feront demain à La Denisière (entre Villebaudon et le Mesnil-Herman) ; une *Kampfgruppe* se constituera en hérisson en démolissant 25 chars américains avant d'être anéantie les 30 juillet et 1er août. L'autre colonne de la division, le **CCB,** va remplir une mission particulièrement déterminante. Ses chars sont à **Saint-Denis-le-Gast** où ils vont diverger sur **Cambry** et **Lengronne**, constituant une manœuvre d'enveloppement des forces allemandes au sud de Coutances. De Lengronne, il n'y a qu'une dizaine de kilomètres jusqu'à la mer. La route du repli allemand est presque coupée.

Maintenant que **Lessay** et **Périers** sont aux mains des Américains (la *90th Inf. Div.* s'est emparée hier de cette dernière localité), deux nouvelles divisions blindées sont lancées dans la bataille. La **6th Arm. Div.**, venant de Lessay, fonce plein sud sur la D2, elle sera à quatre kilomètres de Coutances dans la soirée. La **4th Arm. Div.** (*Major General* John S. Wood) dévale dans la même direction, à partir de Périers, traverse **Saint-Sauveur-Lendelin** et atteint **Coutances** en fin de journée. Le général Bradley a lâché ces deux divisions blindées pour serrer de près les unités allemandes qui se replient en bon ordre (restes des 243e, 91e, 2e SS-Pz.Div., 17e SS-Pz. Gr.Div.) ; elles avancent vite devant le repli rapide des Allemands. Les avant-gardes de la *4th A.D.* du *Maj.Gen.* Wood sont enfin arrivées dans le faubourg nord de la cité épiscopale qui n'est plus couverte que par des arrière-gardes. Les rues principales sont minées et piégées. Coutances ne sera totalement investie que demain.

Ce jour-là aussi, avec le retour de la pluie, gênant momentanément les opérations aériennes alliées, des détachements relativement nombreux de la *Panzer-Lehr-Division* ont réussi à se replier, dans la nuit du 27 au 28, sur le nouveau secteur où les restes de la division tiennent une ligne de front en cours de constitution : la région de **Percy**, avec des détachements de la *116. Panzer-Division* sur son aile droite. Sur l'aile gauche, ce sont des éléments de la « *Das Reich* », la *Kampfgruppe Wisliceny*. Ainsi, à 13 heures, le *SS-Panzergrenadier « D »*, avec sa 16e compagnie, occupe le Mont Robin (2 kilomètres au nord-est de Percy) avec l'appui de quelques panzers de la

Le véhicule de reconnaissance M8, quoique très vulnérable et assez peu mobile, a accompli correctement sa mission sur le front occidental. Celui que nous voyons ici appartient au *82d Reconnaissance Battalion* de la *2d Armored Division*. (Peinture Julio Lopez Caeiro.)

Command Car M20 aménagé, utilisé par le général George S. Patton Jr lorsqu'il commandait la *3rd US Army* en France. Le M20 de Patton porte le fanion du chef de la *3rd Army*. Sur le glacis sont peintes les trois étoiles de *Lieutenant General*, grade porté par Patton à cette époque. (Peinture Luis Fresno Crespo.)

1. Casque lourd américain du CCB (Boudinot) de la *3rd Armored Division*, percé d'éclats et portant l'emblème de la division, trouvé à Cerisy-la-Salle. Cette localité avait été un important objectif, dominant le secteur au sud-est de Coutances ; ce sera la pointe orientale de la Poche de Roncey. (Coll. privée.)

2. Le *SS-Ostubaf.* Christian Tychsen tué au carrefour des Hauts-Vents près de Trelly, à l'ouest de la Poche de Roncey le 28 juillet.

3. L'un des dix panneaux routiers (quatre d'entre eux étaient restés vierges) retrouvés après les combats dans une maison de Roncey. Celui-ci désigne la direction à suivre par le IIIe bataillon du Régiment *Deutschland* de la *2. SS-Panzer-Division « Das Reich »*. (Coll. privée.)

PLD. Les Américains sont repoussés avec la perte de six tanks. D'autres attaques sont repoussées : à 16 heures (cote 185), vers 19 h 45 (ouest de Percy). Le repli a permis ici de reconstituer une ligne de front, au sud-est de ce qui va devenir la Poche de Roncey. C'est un remarquable exploit après les terribles pertes subies par la *Panzer-Lehr-Division*.

Du côté de la *17. SS-Pz.Gren.-Div.*, l'ordre de repli sur la « ligne jaune » est arrivé le 27 au soir, le *Fallschirm-Pionier-Bataillon 5* étant alors sur son aile droite, face à la pointe constiutée par la *3rd Armored Division*, ce repli se fera vers le sud-ouest, vers Coutances, à partir du secteur d'Hauteville-la-Guichard, pour se rabattre ensuite vers le sud et le sud-est, en plein dans ce qui va devenir la Poche de Roncey. Ce 28 juillet, la *Götz* reçoit l'ordre de la verrouiller à l'ouest et au sud-ouest : le *Fallschirm-Pionnier-Bataillon 5* et le *SS-Pionnier-Bataillon 17* sont engagés dans le secteur de Cerisy-la-Salle, puis à gauche ce sont d'autres éléments de la *« Götz »*, la *Kampfgruppe Fick* et le bataillon Ullrich et, plus à gauche encore, vers le nord, des éléments de la *« Das Reich ».* Dans la soirée, le *XXXXVII.Panzer-Korps* ordonne de suspendre l'attaque vers le nord-ouest pour en lancer une autre en y engageant les *2.* et *116. Pz.-Div.* afin de rétablir la liaison avec la PLD. Ce jour-là aussi, rejoignant son PC au château de Trelly, au sud de Coutances (et à l'ouest de la poche), le *SS-Obersturmbannführer* Christian **Tychsen**, *Kommandeur* du *SS-Pz.Rgt.2*, qui a pris aussi le commandement de la *« Das Reich »* (après la blessure du *SS-Brigadeführer* Lammerding le 24), aborde de front une patrouille américaine, au nord-est du hameau de Cambry, au croisement de la D7, carrefour des Hauts-Vents. Une rafale de mitrailleuse atteint en même temps la voiture qui heurte une haie et l'officier au menton couturé par une terrible blessure. Il est ramassé agonisant. A **18 h 30**, le *SS-Standartenführer* Otto Baum, *Kommandeur* de la *« Götz »,* réunit sous son commendement les deux divisions, qui avancent d'ailleurs côte à côte. Ce dernier rencontre dans la soirée à son PC, le chef d'état-major du *LXXXIV.AK*, l'*Oberstleutnant* von Criegern, pour organiser la percée de la poche à l'aube du 29 pour atteindre une ligne Hambye-Gavray-Bréhal.

Le 29 juillet

Depuis le 26 juillet, jour où « Cobra » a vraiment débouché, une course de vitesse s'est jouée entre les Américains et les Allemands. Ces derniers espéraient contenir la poussée américaine assez longtemps à l'est pour permettre à l'ensemble des troupes de se replier sur une nouvelle ligne assez favorable, plus courte et s'appuyant sur un relief accidenté. A vingt-quatre heures près, le pari est perdu.

La veille au soir, alors que les colonnes blindées atteignaient déjà Coutances au nord, la **3rd Arm. Div.** formait barrage à l'est depuis Coutances suivant une ligne Savigny/Cerisy-la-Salle, tandis que la **2d Arm. Div.** coupe la route de sortie au sud.

En fait, les Allemands avaient prévu une ligne intermédiaire - la « *Weisse Linie* » (« ligne jaune ») - avant le repli final sur la ligne Bréhal/Gavray/Percy. La division **« Das Reich »** s'était établie en défensive, après s'être repliée, autour de Courcy et de **Roncey** avec le régiment *« Der Führer »* vers le nord (successivement d'ouest en est : *I./DF, III./DF, II./DF*) et le régiment *Deutschland* vers l'est (du nord au sud : *III./D, I./D, II./D*). Ses positions vont former le bord d'une poche, alors que la *2d Arm. Div.* a atteint Cambry et Lengronne au sud : **« La poche de Roncey »**. Outre des hommes de la division *« Das Reich »*, des parachutistes et des hommes de la *« Götz von Berlichingen »* sont rassemblés ici, comme nous l'avons vu. Les troupes d'élite du *LXXXIV. Armee-Korps* vont se trouver « piégées » autour de Roncey. Devant cet encerclement en cours, une partie des hommes qui s'y trouvent, réussissent à évacuer le secteur par l'ouest, sur Gavray et Cérences tandis que, plus à l'ouest, le long de la côte, les fantassins survivants des *243.*, *77.* et *91. ID* allemandes se replient vers le sud.

L'encerclement va être achevé aujourd'hui ; la **4th A.D.** traverse Coutances libérée et atteint Cérences et Lengronne. La poche est fermée. Jusqu'à huit heures du matin, la percée de diverses unités se fait encore sans trop de difficultés à travers les minces lignes américaines. Dès l'aube, la situation change : les chasseurs-bombardiers interviennent, mitraillant les longues colonnes de véhicules qui tentent d'échapper à ce que les Allemands appelleront : *« der Kessel von Coutances ».* De longues traînées de fumée vont s'élever au-dessus de tout le secteur, signes du cataclysme qui s'est abattu partout. Les pertes vont y être très lourdes. Mais, une fois encore, l'organisation et le courage allemands éviteront que cette poche infernale tourne en une déroute totale. Des unités vont se terrer dans la journée en attendant la tombée de la nuit et une dernière percée en plusieurs secteurs, dont celui de Saint-Denis-le-Gast, avec de nouvelles pertes. Trois divisions américaines vont maintenant écraser la poche qui sera nettoyée demain.

La seule *2d Arm. Div.* met hors de combat 1 500 soldats allemands et en capture 4 000 autres. Cette division a fermé la poche par le sud, la *3rd Arm. Div.* en assure le nettoyage par l'est. **Le soir**, les éléments allemands qui ont pu battre en retraite sont sur la ligne de repli qui passe par Bréhal, Gavray, Percy, Beaucoudray, Moyon, Troisgots, Torigni-sur-Vire. les troupes américaines, après la percée réussie, viennent d'achever la deuxième phase de « Cobra » : la poursuite des éléments allemands en retraite, l'anéantissement et la capture d'un maximum d'entre eux. Il leur faut maintenant bousculer la faible ligne de repli allemande et poursuivre vers le sud, sans s'occuper du flanc oriental de l'offensive.

Le 30 juillet

Le **30 juillet**. La ligne de repli allemande n'a été que trop rapidement et trop faiblement occupée. A partir de **Hambye**, le CCB de la *3rd Arm. Div.* perce vers le sud et s'approche de Villedieu-les-Poêles dans la soirée. Plus à l'ouest, le CCA de cette même division emporte **Gavray**, un pont est jeté sur la Sienne, le *26th IR* de la *1st Inf. Div.* prend pied sur l'autre rive face à des éléments de la *« Das Reich »*, dans un terrain difficile. Encore plus à l'ouest, la *4th Arm. Div.*, venant de Coutances, emporte des positions tenues par quelques fantassins et dévale plein sud à partir de **Cérences** jusqu'à **La Haye-Pesnel** et même **Avranches** qui est atteint dans la soirée ! Le long de la côte, la *6th Arm. Div.* prend **Bréhal** et s'approche de **Granville**.

Cette opération est maintenant un magistral succès. Le *Lt.Gen.* Patton et sa 3e Armée vont alors prendre le relais. Avec ses divisions blindées, il va charger sans laisser de répit aux Allemands habiles à se réorganiser sur une nouvelle ligne de défense en un jour ou deux. Le **31 juillet**, la ville d'Avranches est dépassée. La *4th Arm. Div.* est à **Ducey** et **Pontaubault**. Les Américains n'ont plus qu'à submerger les quelques survivants de la *91. ID* allemande et ceux de la *« Kampfgruppe Bacherer »* (survivants de la 77e). La route de la Bretagne est ouverte, « Cobra » est un magistral succès, au-delà des espérances les plus folles.

L'exploitation de *Cobra* les 30 et 31 juillet 1944. Les Allemands ont rétabli une ligne de front de part et d'autre de Percy mais la percée américaine aboutit à Avranches. La *3rd Army* de Patton force le passage à Pontambault face à la *Kampfgruppe Bacherer* avant de se répandre en Bretagne et dans le Val de Loire. (US Army.)

Conclusions

Le bilan de la Poche de Roncey

Le premier résultat tangible du succès de « Cobra » réside dans le bilan de la « Poche de Roncey ». la percée espérée devait mener à l'encerclement et à l'anéantissement d'un maximum d'unités du corps d'armée de von Choltitz. Le bilan dressé par les Américains des pertes occasionnées aux Allemands est éloquent : 2 250 tués, 5 000 prisonniers, plus de 100 chars, 150 engins blindés chenillés, des pièces d'artillerie, des véhicules de toutes sortes, soit un total de 539 véhicules. Les Allemands vont perdre des hommes dans trois poches lors de la Bataille de Normandie : celle de Cherbourg fin juin (40 000 hommes), celle de Roncey fin juillet (7 200 hommes), et celle de Falaise fin août (50 000 hommes). Celle de Roncey est la moins coûteuse numériquement pour l'armée allemande mais probablement la plus coûteuse qualitativement. A Cherbourg furent capturés des fantassins d'unités d'infanterie de second ordre. Ce sera le cas aussi de la plus grande part des tués et prisonniers de la Poche de Falaise. Malgré le côté dramatique et spectaculaire de cette dernière poche, elle prit essentiellement au piège des arrière-gardes d'unités d'infanterie de second ordre, des soldats asiatiques des « troupes de l'Est » et peu d'hommes des divisions blindées ou de la Waffen-SS. Par contre, la plupart des hommes tués et capturés autour de Roncey appartenaient à des unité d'élite (parachutistes, *2. SS-Pz.Div. « Das Reich »*, *17. SS-Pz.Gren. Div. « Götz von Berlichingen »*. Les pertes furent très lourdes, pour l'armée allemande, en ce qui concerne le matériel. Otto Weidinger (ouvr. cité p. 264) donne des chiffres qui permettent de connaître le pourcentage de matériel sauvé au régiment blindé d'artillerie de la division « *Das Reich » (SS-Pz.Art.Rgt. 2 « DR »)*, par rapport aux dotations du 28-7-1944 : - 30 % à la batterie de commandement, - 0 % au IIe groupe, - 40 % au IVe groupe, - 60 % à la batterie d'observation. Le régiment de chars de cette même division *(SS-Pz. Rgt. 2 « DR »)* a sauvé 70 % de ses engins et le groupe de DCA *(SS-Flak-Abt. 2 « DR »)* n'a évacué que 10 % de ses pièces. Otto Weidinger note que la presque totalité des pertes en matériel est due à l'action de l'aviation alliée. Mais, malgré le bilan impressionnant de ces pertes, l'énergie des Allemands encerclés à Roncey a permis d'éviter le désastre. Comme le note Martin Blumenson (ouvr. cité, p. 281) le bataillon de Panzer IV de la *« Das Reich »* a échappé à la Poche en toute sécurité (ce qui correspond au chiffre de 70 % d'engins sauvés au régiment de chars de la *« Das Reich »*, donné par Otto Weidinger), des effectifs importants du 6e régiment de paras (qui a percé en presque totalité vers l'est mené par son chef le *Major* von der Heydte) et de la division *« Götz von Berlichingen »* ont réussi à sortir de la Poche, plus de 7 000 hommes soit plus de la moitié de ceux qui furent encerclés. Cette volonté d'échapper à la capture témoignée par une bonne

suite page 158

1

Roncey. Du 31 juillet au 2 août 1944.

La poche de Roncey vient juste d'être nettoyée. L'aviation alliée a bombardé et mitraillé pendant deux jours les véhicules allemands accumulés dans ce secteur. Un grand nombre d'entre eux a été détruit.

1. A l'entrée de Roncey, le 31 juillet, un bulldozer est au travail pour dégager une route des chenillettes, des véhicules et de l'obusier qui l'encombraient.

2 et **3.** Le bourg de Roncey a été durement touché par les bombardements. La photo actuelle montre qu'il a été en grande partie reconstruit. On aperçoit sur la gauche la façade de l'église.

4 et **5.** L'église, en ruines, est entourée de véhicules allemands détruits dont deux chasseurs de chars Marder III. Cet engin associe un châssis de char tchèque PzKpfw 38 et un canon antichar de 75 mm (Pak 40). On imagine les explosions et les incendies qui ont dû secouer et ravager la place l'avant-veille. Une vieille femme rentre chez elle au milieu de ce spectacle de désolation.

3

2

6 et **7.** Le 1er août, un half-track américain tirant un canon antichar passe sur la place centrale. La photo est prise dans le sens opposé ; on aperçoit l'arrière des deux Marder III.

8. Le 2 août, un bulldozer est à l'œuvre pour dégager les rues.

(Photos NA/Heimdal et EG./Heimdal pour les photos actuelles.)

4

5

6

7

8

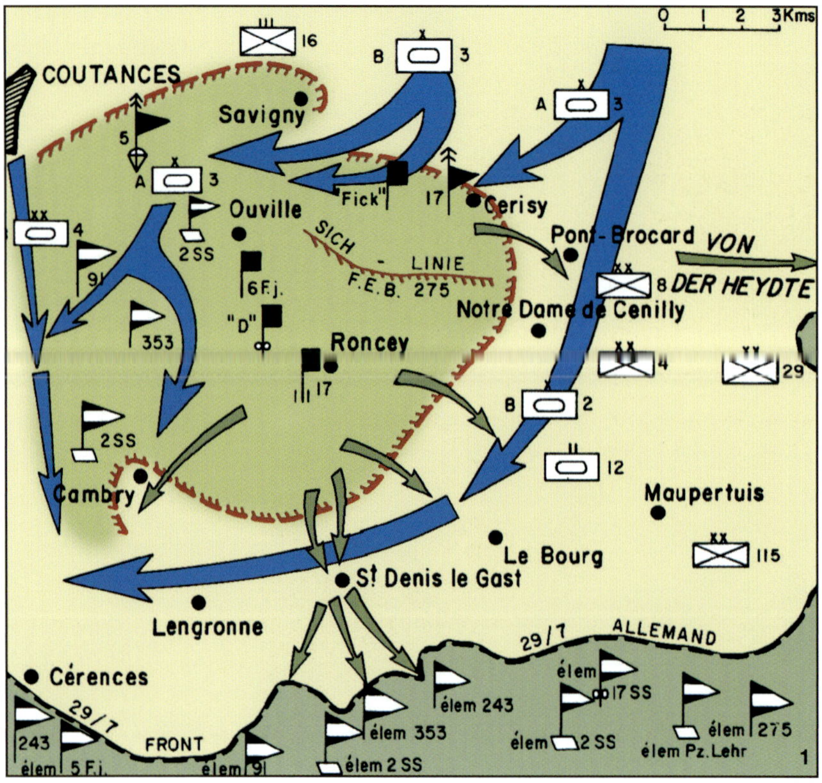

Poche de Roncey, 29 au 31 juillet.

1. Cette carte montre le mouvement en coup de faux, vers le sud-ouest, du CCB de la *2d Armored Division* qui va prendre dans la « poche de Roncey » de nombreux éléments d'unités allemandes. On trouve là le 6e régiment de paras *(6. F.J.R.)*, la *2. SS-Panzer-Division* avec le régiment *« Deutschland » (« D »)*, des éléments des *KG 91* et *KG 353*, le régiment d'artillerie *(« 17 »)* de la *« Götz »*. La plupart sont des troupes d'élite. Au nord, une autre division blindée américaine (la *3rd Armored Division*) va fermer cette poche par l'ouest, conjointement avec la *4th Armored Division* qui dévale de Coutances. Au soir du 29 juillet, la poche étant fermée, la *2d Armored Division* met hors de combat 1 500 soldats allemands et en capture 4 000 autres. Dans la nuit du 29 au 30 juillet, cependant, de nombreux éléments allemands forcent le passage par Saint-Denis-le-Gast et se replient sur la ligne passant par Bréhal, Gavray, Percy, Beaucoudray, Moyon, Troisgots, Torigni-sur-Vire. (Carte Heimdal d'après Stöber.)

2. Les Américains capturent de nombreux Waffen-SS dans cette poche que les Allemands appellent *« der Kessel von Coutances »*. La plupart de ces prisonniers portent des tenues camouflées.

2

3 et **4.** Les chasseurs-bombardiers ont attaqué les véhicules en retraite dont beaucoup ont flambé après l'impact. Nous voyons ici un tracteur d'artillerie sur la première photo, une 202 Peugeot, un Kübelwagen et une pièce légère de Flak sur la seconde photo.

5. Plusieurs jeeps passent ici à côté de divers engins chenillés détruits et d'un SPW d'une des deux divisions SS.

(NA/Heimdal.)

3

4

5

1

Poche de Roncey, Saint-Denis-le-Gast, Gavray.

1. Près de Roncey, le 1er août, deux hommes de la *3rd Armored Division* (remarquer le badge bien visible sur la manche) examinent un canon d'assaut allemand Sturmgeschütz III modèle G, détruit alors qu'il tentait de s'extraire de la poche. L'un des membres de l'équipage a été tué en sortant de l'engin (il doit s'agir du radio), les trappes ouvertes laissent supposer que ses camarades ont eu plus de chance.

2. Un autre Sturmgeschütz a été détruit à proximité d'une haie, l'engin a brûlé. C'est aussi un modèle G, comme le précédent mais plus récent avec son « Saukopf » (« groin » du canon, arrondi et plus à angles aigus). Un tel engin emporte quatre hommes d'équipage, pèse 23,9 tonnes en ordre de combat et a une autonomie de 155 km sur route et 95 km en tout terrain.

3. Sur cette photo, prise à Saint-Denis-le-Gast, le 31 juillet, des GI's examinent deux engins de la 1re batterie du *SS-Panzer-Artillerie-Regiment 2*, le régiment d'artillerie de la *2. SS-Panzer-Division « Das Reich »*. On reconnaît en effet, à l'arrière du SPW, le signe tactique d'une 1re batterie chenillée d'un régiment d'artillerie avec, au-dessus, la « rune du loup » peinte en jaune au pochoir, emblème de la Division « *Das Reich* » . Devant, nous voyons un « Hummel », *15 cm Pz.Haubitze auf Gw. III/IV*. Il s'agit d'un obusier de 150 mm *(15 cm s.FH.18 L/30)* monté sur châssis de char et protégé par un habitacle blindé. De tels engins conféraient une grande mobilité à ces pièces d'artillerie. Celui-ci porte le nom de « Clausewitz » peint sur l'habitacle.

2

3

4

4. Nous voyons maintenant un Panzer IV d'une 8e compagnie d'un régiment de chars, le « 831 », abandonné à Saint-Denis-le-Gast, où il a été terrassé.

5 et 6. Après ces terribles combats, un soldat américain vient prier dans l'église de Gavray.

(D.F. et E.G./Heimdal.)

5

6

5. Ce grenadier SS a été tué près de Quibou le 28 juillet, avant que ne se referme la poche. Il porte encore en sautoir l'étui à canon de rechange de son MG.

Prisonniers de la Poche de Roncey, 30 juillet.

1. En nettoyant la Poche de Roncey, le 30 juillet, les soldats américains vont rassembler 5 000 prisonniers allemands, la plupart d'entre eux appartenaient à des unités d'élite. Il n'y a sur cette célèbre photo, que des officiers de la Waffen-SS et des paras (un lieutenant-colonel de paras à droite). L'attitude de ces hommes capturés montre bien la détermination qui a été la leur pour tenter de sortir de la poche.

2, 3 et **4.** Un camp de triage a été établi près de Périers, là encore des soldats d'unités d'élite, on n'aperçoit que des Waffen-SS, principalement d'après les bandes de bras cousues sur la manche de certains soldats, des hommes de la *« Götz von Berlichingen » (17. SS-Panzergrenadier-Division)* beaucoup d'entre eux sont des « Allemands ethniques », recrutés en Roumanie.

6. Un M.P., le soldat Gorrethon, se penche pour déchiffrer les inscriptions des tombes creusées près de Cerisy-la-Salle : le *SS-Grenadier* Josef Heinz de la 6e compagnie du *SS-Panzer-Grenadier-Regiment 38* de la division « *Götz von Berlichingen* ». Il est maintenant enterré au cimetière militaire allemand de Marigny.

(US Army et NA/Heimdal.)

1

2

3

5

6

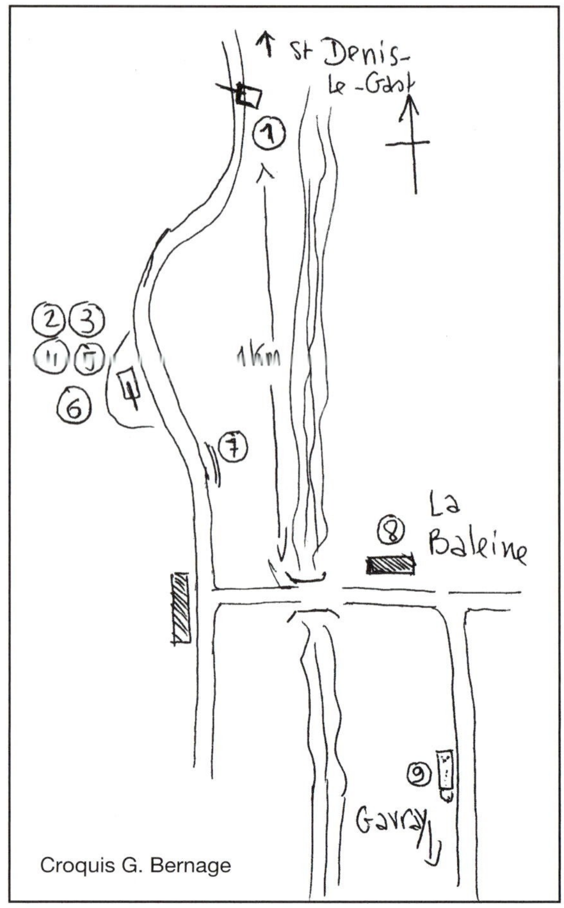

Croquis G. Bernage

7

9

La Baleine, sortie de la Poche de Roncey

Dans la nuit du 28 au 29 juillet, une partie des éléments encerclés dans la Poche de Roncey perce vers le sud à partir de Saint-Denis-le-Gast (voir aussi photos 3 et 4 page 155), en direction de Gavray, porte de sortie encore tenue par des éléments de la « *Das Reich* » et du *KG 91ID*. Cette ligne de front sera percée le 30 par la *3rd Armored Division*. Sur la route menant à La Baleine, le long de La Sienne, un char Panther (**1**, US Army) a été culbuté par les chasseurs-bombardiers, ou dégagé de la route. Un peu plus loin, après le virage, dans le creux d'une ancienne carrière, un autre char a été bloqué, l'arrière soulevé en reculant sur un camion de la carrière (ce qui l'a peut-être bloqué). La photo le montrant a été prise après guerre et on le voit chargé de prisonniers de guerre allemands affectés au déminage (**2**, coll. privée), derrière le virage, le Panther vu précédemment. La vue récente a été prise il y a dix ans au même endroit **(3)**. Les PG posent à nouveau devant l'épave **(4** et **5)**. Un rare calot a été découvert en 1944 dans ce char **(6)**. C'est celui d'un effet troupe Panzer-SS sur lequel a été cousu une cordelette d'officier et une tête de mort d'officier (en dessous de l'aigle troupe), grossièrement cousu, probablement un calot d'un sous-officier récemment promu officier, ou d'un *Junker*. Notons que le *SS-Standartenoberjunker* (aspirant à l'époque) Fritz Langanke, chef de section à la 2e compagnie du *SS-Pz.-Rgt. 2* **(10)**, *RK* le 27 août 1944, est revenu à La Baleine en 1998 indiquant à sa fille que son char aurait été bloqué dans ces parages, peut être plus loin. Etait-ce son char et son calot ou celui d'un de ses camarades ? Une autre photo **(7)** a été prise un peu plus loin, montrant les PG ramenant des épaves du fossé, la Sienne derrière eux. Nous franchissons ensuite la Sienne, la maison de Mme Lemarquand, fille de M. Alexandre, maire en 1944, est sur la droite **(8)**. Nous sommes auparavant passés devant la maison du fond. Les Allemands avaient cassé les parapets du pont pour permettre aux panzers d'y passer. Plus loin **(9)**, le long de la Sienne, des véhicules, dont un camion, ont versé sous les attaques des *Jabos*. (Photos coll. privée et Heimdal.)

10

partie des combattants allemands en Normandie s'explique par la motivation des troupes mais surtout par la présence importante de combattants qui avaient été engagés sur le front de l'Est (surtout dans les unités blindées). Là-bas, la capture équivalait presqu'inéluctablement à la mort rapide ou lente : exécution sommaire ou taux de mortalité très élevé dans les camps de prisonniers en Union Soviétique. Un prisonnier allemand sur le front de l'Est n'avait pas 10 % de chances de revoir un jour le pays natal ; sur les 107 800 prisonniers allemands rassemblés par les troupes soviétiques à Stalingrad, il n'y aura que 6 000 survivants à rentrer en Allemagne une quinzaine d'années plus tard (chiffres donnés par Paul Carell). Cela explique les réflexes pris par le soldat allemand et sa farouche volonté à combattre sans

1

Secteur de la Poche de Roncey

1. Panneau émaillé criblé de balles trouvé au carrefour de la Pompe dans le secteur de Notre-Dame de Cenilly. (Coll. privée.)

2. Cette lettre, envoyée le 20 août 1944 à madame Schlüter par le *SS-Untersturmführer* Karl-Heinz Heinrich, officier-adjoint *(Adjutant)* d'une batterie de Flak (n° de secteur postal 08690 - celui de la 1re batterie de la *Flak-Ateilung* de la *Das Reich).* Il lui écrit : « Chère madame Schlüter ! Il y a des jours que notre division est engagée en Normandie dans des combats extrêmement durs contre les Anglo-Américains. Notre batterie a aussi participé à des engagements particulièrement acharnés. Votre mari, Adolf, a été porté disparu le 29 juillet 1944 dans le combat d'encerclement et de percée dans le secteur de Roncy (sic) - St-Denis. Nous avons la ferme croyance que nous reverrons votre mari, notre cher camarade après la victoire. Que cela vous soit une consolation dans ce combat au difficile destin. La disparition de votre mari est pour notre unité une perte parmi ses meilleurs sous-officiers. Ses exploits, son esprit d'engagement ainsi que son courage et sa camaraderie resteront pour nous un exemple. Par son attitude et ses bons principes, il était aimé et chéri de ses supérieurs et de ses hommes. Nous allons continuer de combattre avec notre Führer Adolf Hitler jusqu'à la victoire finale afin que votre mari puisse rentrer dans un pays libre. Si, chère madame Schlüter, vous recevez par la Croix Rouge des nouvelles de votre mari, informez en la batterie. La batterie vous salue en très étroite union, très cordialement, votre (signature). » Cette lettre écrite de manière émouvante, trois semaines après la disparition du sous-officier Adolf Schlüter de la *1./SS-Flak-Abteilung 2*, est un témoignage humain évoquant ceux qui restent, les femmes broyées par l'angoisse du sort de leurs époux dans une guerre terrible où le moral et le devoir d'informer les familles reste intact, malgré l'apocalypse. Adolf Schlüter ne repose dans aucun cimetière militaire : disparu, rentré au pays, mort en captivité ? (Coll. privée.)

3. Caissette récupérée dans un véhicule blindé abandonné dans Roncey. Les inscriptions posent plusieurs problèmes. Tout d'abord, *Feldheiltablettenkasten* signifie « caissette de comprimés de soin de campagne ». Mais il y a une faute d'orthographe, il manque un « e » à *Feld*. Quant à l'inscription *2.D.SS.Pz.D-R,* elle pourrait signifier « 2e Division SS-Panzer Das Reich », ce qui n'est pas très logique comme formulation. Notons aussi que « 1943 » pose une autre question car cette unité n'est devenue *Panzer-Division* qu'en octobre 1943. L'inscription serait alors postérieure, de la fin d'année. Le médecin qui aurait porté cette inscription sur ce matériel rare n'aurait pas été très au fait des momenclatures en usage. A l'intérieur, emplacement pour les tubes, comme il se doit. (Coll. privée.)

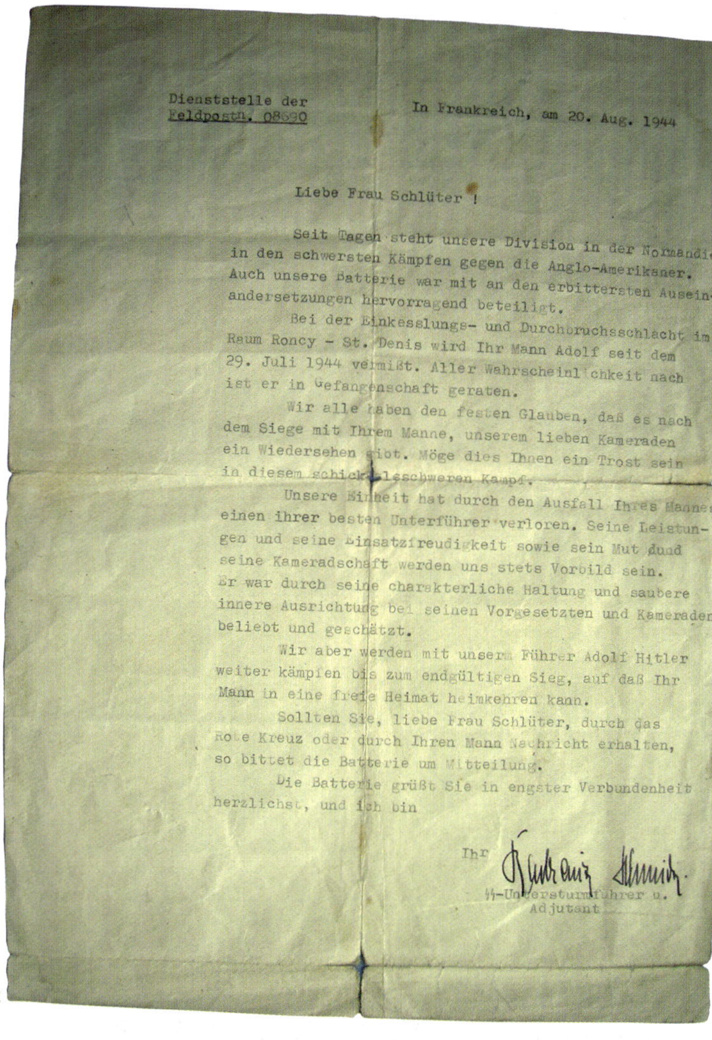

Dienststelle der
Feldpostn. 08690

In Frankreich, am 20. Aug. 1944

Liebe Frau Schlüter !

Seit Tagen steht unsere Division in der Normandie in den schwersten Kämpfen gegen die Anglo-Amerikaner. Auch unsere Batterie war mit an den erbittersten Auseinandersetzungen hervorragend beteiligt.

Bei der Einkesslungs- und Durchbruchsschlacht im Raum Roncy - St. Denis wird Ihr Mann Adolf seit dem 29. Juli 1944 vermißt. Aller Wahrscheinlichkeit nach ist er in Gefangenschaft geraten.

Wir alle haben den festen Glauben, daß es nach dem Siege mit Ihrem Manne, unserem lieben Kameraden ein Wiedersehen gibt. Möge dies Ihnen ein Trost sein in diesem schicksalsschweren Kampf.

Unsere Einheit hat durch den Ausfall Ihres Mannes einen ihrer besten Unterführer verloren. Seine Leistungen und seine Einsatzfreudigkeit sowie sein Mut und seine Kameradschaft werden uns stets Vorbild sein. Er war durch seine charakterliche Haltung und saubere innere Ausrichtung bei seinen Vorgesetzten und Kameraden beliebt und geschätzt.

Wir aber werden mit unserem Führer Adolf Hitler weiter kämpfen bis zum endgültigen Sieg, auf daß Ihr Mann in eine freie Heimat heimkehren kann.

Sollten Sie, liebe Frau Schlüter, durch das Rote Kreuz oder durch Ihren Mann Nachricht erhalten, so bittet die Batterie um Mitteilung.

Die Batterie grüßt Sie in engster Verbundenheit herzlichst, und ich bin

Ihr

SS-Untersturmführer u.
Adjutant

2

3

idée de reddition et de percer à tout prix en cas d'encerclement.

Comme le note encore Martin Blumenson, « *un nombre suffisant de troupes se rassembla sur une ligne allant de Percy à la mer mais la difficulté était que ces hommes étaient épuisés.* » Ainsi, le bilan de la Poche de Roncey est très important pour le succès proche des Alliés en Normandie mais, comme ce sera aussi le cas dans la Poche de Falaise, c'est un demi-succès. La *2d Arm. Div.* a eu une action déterminante en bloquant au sud la ligne de repli allemande, mais elle n'était pas assez forte pour assurer un rideau hermétique. On retrouvera dans la bataille de Mortain les divisions « *Das Reich* » et « *Götz von Berlichingen* » (considérablement réduites toutefois) alors qu'elles auraient pu disparaître totalement dans le « piège ».

Le bilan de « Cobra »

« Cobra » est assurément le plus grand succès allié (après celui du Débarquement) de la Bataille de Normandie. Alors que les Allemands avaient presque réduit les Alliés occidentaux à une guerre de position et d'usure (où les pertes s'équivalaient), « Cobra » va enfin sortir le front de Normandie de son immobilisme et réussir au-delà des espérances les plus folles en regagnant d'un coup tout le retard accumulé dans l'exécution du « *Master Plan* », en désintégrant le front allemand et en avançant sans opposition dans le reste de la France (ce qui n'était pas prévu).

Dans la « Grande controverse » qui divisa, et divise toujours, les Alliés américains et britanniques, les supporters du général Montgomery soutiennent qu'il assura un rôle essentiel à l'armée britannique en bloquant la grande majorité des forces blindées allemandes autour de Caen, laissant les mains libres au général Bradley, à l'ouest, pour mener son offensive victorieuse. En fait, les critiques américaines semblent relativement fondées en ce qui concerne la grande « prudence » de Montgomery. La *1st Army* dut affronter le terrain le plus difficile du front en Normandie avec des marais ou des éminences à prendre (Mont Castre, entre autres), leurs pertes furent beaucoup plus élevées que celles des Britanniques, dues en partie à l'inexpérience au feu d'un bon nombre des unités mais surtout au caractère plus offensif de la *1st Army* qui a mené une offensive généralisée sur l'ensemble du front du 3 au 15 juillet, tactique qui s'est avérée payante puisqu'elle a saigné totalement le corps d'armée de von Choltitz qui n'était plus ainsi en mesure d'affronter « Cobra ».

Il est certain que les deux tiers des divisions blindées allemandes du front de Normandie se trouvaient autour de Caen (ce qui était normal vu la nature du terrain de la Plaine de Caen favorable à la guerre blindée). Mais les troupes américaines durent affronter des troupes d'élite sur les deux tiers de leur ligne de front, d'Est en Ouest : IIe corps para, « *Panzer-Lehr* », « *Götz von Berlichingen* », 6e régiment de paras, « *Das Reich* ». Le grand mérite du commandement américain a été de pratiquer cette tactique d'offensive généralisée pour affaiblir l'adversaire, puis de l'écraser en un point précis du front avec des moyens formidables (le tapis de bombes), de foncer dans la brèche ouverte sans s'occuper des flancs, et de réussir l'exploitation grâce à la vitesse qui a permis le succès final. Les méthodes de la guerre blindée britannique étaient plus archaïques : les chars opéraient par bonds successifs, attendant d'être couverts par l'infanterie ; cette tactique fut fatale dans l'échec d'« Epsom ». C'est la rapidité de l'offensive qui a fait de « Cobra » une victoire magistrale. La contre-attaque allemande de Mortain ne ralentira d'ailleurs pas la progression des chars de Patton dans le reste de la France.

Rôle dans l'ensemble du conflit mondial et bilan humain

Comme nous venons de le voir, « Cobra » a été le grand tournant de la Bataille de Normandie, et par conséquent celui de la « Guerre à l'Ouest » qui aboutira à la Campagne d'Allemagne et à la victoire finale.

Comment un tel succès a-t-il été possible ? En fait l'ampleur de la victoire alliée en Normandie ne se conçoit que par rapport à la guerre menée sur le front de l'Est. C'est là que le sort s'est vraiment joué. il suffit d'ailleurs d'examiner le bilan des pertes militaires. Les USA ont perdu 250 000 hommes (y compris les pertes dans le Pacifique) et la Grande-Bretagne 350 000 soldats (ce qui n'est pas très important si l'on considère que le Royaume Uni était engagé depuis le premier jour de la guerre et sur différents fronts). Par contre, les deux armées qui se sont empoignées sur le « front de l'Est » ont subi des pertes colossales. L'Union Soviétique a perdu 13 600 000 soldats (certains historiens annoncent des chiffres encore bien supérieurs : trente millions et plus, il n'y avait alors pas de statistiques précises et il est probable que le chiffre exact restera toujours un mystère) et le Reich enregistrera 2 500 000 soldats tombés au front et un total de quatre millions de pertes militaires (les pertes allemandes totales sont de sept millions - trois millions de civils ont péri). L'écart entre ces deux chiffres (voir l'ouvrage officiel de Müller-Hillebrandt) représente les prisonniers de guerre allemands morts en captivité, soit un million et demi (!) de prisonniers de guerre qui ne sont jamais rentrés chez eux (la grande majorité d'entre eux sont morts en captivité soviétique). Le rôle humain de l'Union Soviétique a été capital dans la Seconde Guerre mondiale. Elle a engagé ses hommes à fond, sans souci des pertes, par vagues humaines. L'armée allemande s'y est totalement épuisée. Et c'est ainsi qu'en fin 1944 la Wehrmacht est une armée saignée à blanc, pauvre avec très peu de réserves. Le débarquement allié en Normandie, appuyé par un fantastique matériel (les USA vont fabriquer 300 000 avions de 1941 à 1945 !), a été la goutte d'eau qui a fait déborder le vase. Mais, plus qu'une guerre matérielle, ce conflit a été un fantastique choc d'hommes. Peu avant le début de la bataille de Normandie, les Soviétiques lancent leur offensive d'été et engagent contre le Front Centre allemand pas moins de cent divisions de la Garde ! Face à ce choc gigantesque, le front allemand de Biélorussie explosera. Une armée blindée allemande va être encerclée près de Tarnapol. Les Poches de Roncey et de Falaise sont peu de chose face aux grandes batailles d'anéantissement du Front de l'Est. La guerre s'est jouée d'abord en Russie et ensuite en Normandie. Mais « Cobra » et la bataille de Normandie n'en restent pas moins le tournant important de la guerre, tournant qui a tout précipité.

Pour terminer cette évocation de « Cobra », n'oublions par les pertes civiles qui sont de 15 000 parmi la population normande de la Manche, sur un total de près de 50 000 pour toute la Normandie, des pertes qui ne sont pas si éloignées des pertes militaires.

Achevé d'imprimer sur les presses d'Edipro
pour le compte des Editions Heimdal - mai 2011